ANDREAS SCHORSCH

Da kann ich ja gleich zu Fuß gehen!

GOLDMANN
Lesen erleben

Das Buch

Köfferchenmann: Wann geht der nächste Zug nach Frankfurt?
Schorsch: Meinen Sie Frankfurt am Main oder Frankfurt an der Oder?
Köfferchenmann: Ist mir egal. Ich werde abgeholt.

Seit mehr als dreieinhalb Jahrzehnten ist Andreas Schorsch DB-Mitarbeiter mit Leib und Seele. Unerschrocken hütet er den Service Point in der Vorhalle des Düsseldorfer Hauptbahnhofs, unermüdlich widmet er sich den Menschen, die seine Infotheke ansteuern.
Was sie Schorsch fragen, was sie von ihm wollen und wie sie regelmäßig aus der Haut fahren – das sind Geschichten, die das Leben schreibt. Jeden Tag und jede Nacht. Ein Mann, der halb drei Uhr morgens wissen will, ob der Bürgermeister in seinem Büro ist, weil er ihm eine dringende Frage stellen muss. Fußballfans auf dem Sprung zu ihrem Lieblingsverein; alte Damen, die keinen Schlaf finden; Horden von angeschickerten Junggesellen, die jedes Wochenende den Bahnhof mit peinlichen Trinkspielen plattmachen. Die Durchgeknallten, die Verzweifelten, die Einsamen: Sie alle landen früher oder später im Bahnhof. Direkt vor dem Tresen von Andreas Schorsch …

Die Autoren

Andreas Schorsch, geboren 1960 in Düsseldorf, verbrachte nach der Hauptschule lässige 458 Tage beim Bund. Seine Ausbildung zum Fachverkäufer für Schuhmode fand ein abruptes Ende, als er eine Diskussion mit seinem Vorgesetzten nonverbal beendete. Es blieb bis heute sein einziger Sieg durch K.o. Seitdem setzt er sich als Mitarbeiter der Deutschen Bahn wortgewandt und hilfsbereit für die liebe Kundschaft ein.

Oliver Uschmann und Sylvia Witt haben mit der Romanreihe *Hartmut und ich* seit 2005 einen Kosmos geschaffen, der die Absurdität der real existierenden Welt pointiert überspitzt auf den Punkt bringt. Sie sind außerdem die Autoren zahlreicher weiterer erfolgreicher Bücher und privat sehr gut mit Andreas Schorsch befreundet.

Bei Goldmann ist von den Autoren außerdem lieferbar:

Wofür sitzen Sie eigentlich hier? Geschichten vom DB-Service-Point
(15845)

Andreas Schorsch

Da kann ich ja gleich zu Fuß gehen!

Neue Geschichten vom DB-Service-Point

Aufgeschrieben
von Oliver Uschmann & Sylvia Witt

GOLDMANN

 Dieses Buch ist auch als E-Book erhältlich.

MIX
Papier aus verantwor-
tungsvollen Quellen
FSC® C014496
FSC www.fsc.org

Verlagsgruppe Random House FSC® N001967

1. Auflage
Originalausgabe Oktober 2016
Copyright © 2016 by Wilhelm Goldmann Verlag, München,
in der Verlagsgruppe Random House GmbH,
Neumarkter Str. 28, 81673 München
Umschlaggestaltung: UNO Werbeagentur, München,
unter Verwendung von Motiven von FinePic®, München
Lektorat: Doreen Fröhlich
DF · Herstellung: Str.
Satz: Uhl + Massopust, Aalen
Druck und Bindung: GGP Media GmbH, Pößneck
Printed in Germany
ISBN: 978-3-442-15904-8
www.goldmann-verlag.de

Besuchen Sie den Goldmann Verlag im Netz:

Inhalt

Vorwort   7

FRÜHSCHICHT

Die Pünktlichkeitsgarantie   13
Damwild im Zug   21
Filzgleiter   30
Wer nicht meckert, der ist krank!   39
Wo die Liebe hinfährt   51
Nervöse Männer   61

ERSTE PAUSE

Das Schienen von Taubenbeinen   73

SPÄTSCHICHT

Nur Bekloppte   99
Der Hass steht auf der Stirn geschrieben 110
Einer geht noch rein 122
Alles einfach so im Kopf? 133
Passt schon 146

ZWEITE PAUSE

Nudeln mit Nutella 157

NACHTSCHICHT

Störung im Betriebsablauf 177

Auswärtsspiel 195

Nice People 211

Sammlerwerte 225

Hamstern beim Amerikaner 235

DRITTE PAUSE

Der letzte Spaziergänger 249

Vorwort

In Science-Fiction-Filmen gibt es immer irgendwo ein Gehirn. Eine Zentrale, in der alle Fäden zusammenlaufen. Hat man sie einmal gefunden, kann man von dort aus alles bewirken. Das Zentrum streckt seine Nervenbahnen in sämtliche Richtungen aus. Millionenfach verzweigen sie sich und erreichen die entlegensten Winkel des Systems.

Für die echten Menschen in der echten Welt sind wir das Gehirn. Das Zentrum von allem. Wir, die freundlichen Helferinnen und Helfer an der Information der Deutschen Bahn. Der Tresen in der großen Halle des Bahnhofs ist nicht bloß das Herz der örtlichen Station oder die Auskunft für komplizierte Verbindungen in die tiefste Provinz.
Nein.
Wir wissen alles.
Wir können alles.
Wir kennen jeden.
So glauben es jedenfalls die Menschen.
In ihrer Fantasie erstreckt sich unser Einfluss nicht bloß in jedes einzelne Ladenlokal des Düsseldorfer Hauptbahnhofs sowie sämtliche Behörden der ganzen Stadt, sondern weit, weit darüber hinaus. Wir haben den kurzen Draht zu Bürgermeistern, Landräten und Präsidenten. Der Bahnchef

sitzt bei uns auf Kurzwahl, und Frau Merkel ruft meist innerhalb einer Stunde zurück. Außerdem geben wir Auskunft zu jedem Thema, seien es Heimwerkertipps, EDV-Probleme oder die Geschichte der Hanse zwischen Rhein und Weser mit besonderer Berücksichtigung der Kartoffelzucht in den Jahren 1259 bis 1404.

So eine unterstellte Allmacht schmeichelt natürlich. Daher kümmern wir uns gerne um alles, auch um das Unmögliche. Wenn man uns höflich fragt. Fragt man unhöflich, kümmert sich nur noch meine Kollegin, die Annika. Die hat die Ruhe weg. Eine Seele von Mensch. Ich bin da ungeduldiger. Oder sagen wir es so: Ich fordere meine Mitmenschen gerne heraus, immer entlang ihrer Möglichkeiten.

Weil es so unglaublich ist, was die Menschen uns tagtäglich fragen oder was sie von der Deutschen Bahn verlangen, habe ich 2015 mein erstes Buch geschrieben. Es heißt *Wofür sitzen Sie eigentlich hier? Geschichten vom DB-Service-Point* und erzählt Anekdoten aus der Zeit, als die DB-Information noch »Service Point« hieß. Diese Anekdoten finden nun hier ihre Fortsetzung. Weil's Spaß macht. Mir. Ihnen hoffentlich auch. Das Personal *hinter* dem Tresen ist dabei das gleiche geblieben. Die gute Annika, mein junger Kollege Yannick, ich und unser Chef, der »kleine Prinz«, eine seelenvolle und sehr lebendige Mischung aus Norbert Blüm, Don Quichotte und Napoleon. Die Menschen *vor* dem Tresen, die mit den unglaublichen Fragen und Vorstellungen, sind ohnehin zeitlos. Sie begegnen mir immer, vom ersten Tag an bis zum heutigen. Was sie fragen, was sie wollen und wie sie aus der Haut fahren – das ist alles echt. Das sind Geschichten, wie sie das Leben schreibt. Jeden Tag. Jede Nacht.

Letzte Nacht war zum Beispiel ein Mann da – nüchtern sogar, das sehe ich sofort –, der fragt mich, ganz ernsthaft, ob der Bürgermeister von Dortmund in seinem Büro sei.

Ja, genau.

So wie Sie gerade habe ich auch geguckt.

»Ich glaube kaum, dass der Mann um 2:33 Uhr arbeitet«, habe ich geantwortet. Dass ich nicht mal weiß, wie er heißt, verschwieg ich geflissentlich.

Der Kunde wollte wissen, ab wann er wieder zu erreichen wäre.

Ich googelte nach.

Seine Verdienste aus Nebentätigkeiten legt der Bürgermeister offen.

227 416,76 Euro im Jahre 2014. Respekt. 167 001,98 Euro davon hat er an die Stadt Dortmund abgeführt und so seine eigene Besoldung als Oberbürgermeister refinanziert. Kann man alles ganz offen im Internet finden. Sprechstunden hat er allerdings nicht.

Jedenfalls stehen da keine.

Aber ich könne doch da was machen, meinte der nächtliche Kunde.

Um es noch mal zu betonen: nüchtern.

Ich: »Öh, nein.«

Er: »Wofür sitzen Sie eigentlich hier?«

Deswegen der Titel des letzten Buches.

Warum dieses heißt, wie es heißt, müssen Sie selber herausfinden. Dabei wünsche ich Ihnen viel Spaß und gute Unterhaltung.

Und wenn Sie mögen, kommen Sie ruhig mal vorbei und sagen mir, wie Sie es finden. Düsseldorf, Haupthalle, Information.

Ich bin der Lange.

(... aber bitte nur, wenn sich die Schlange der Hilfeersuchenden nicht bis zum nichtexistenten Gleis 1 windet ...)

Herzliche Grüße,
Ihr Andreas Schorsch

FRÜHSCHICHT

Die Pünktlichkeitsgarantie

Wir haben einen neuen Stammgast. Willi. Gelassen lehnt er am Tresen, als wäre die Information eine Bar. Willi fährt nie mit der Bahn, angeblich ist er sein gesamtes Leben lang keinen Zug gefahren. Ich glaube das nicht. Annika schon. Annika glaubt grundsätzlich an die Menschen. Eigentlich würde ich Willi gerne mal fragen, was man früher auf dem Schulhof fragte, wenn einer ständig neben einem stand und redete. Da fragte man: »Sag mal, hast du kein Zuhause?« Aber das finde ich zu böse. Fand ich immer schon. Und so ganz unter uns gesagt: Im Grunde mag ich den kleinen Mann. Ich gewöhne mich schnell an Rituale. Ist es einmal da, das neue Ritual, gewöhne ich es mir nur sehr ungern wieder ab. Und Willi, das ist ein Ritual auf zwei Beinen. Zwei kurzen Beinen. Willi bringt es fertig, in noch tieferen Luftschichten zu leben als der kleine Prinz, also mein Chef. Außerdem ist Willi geduldig und brav. Er wartet mit dem Weiterquasseln immer ab, bis ich einen offiziellen Fahrgast abgefertigt habe. So wie jetzt gerade auch. Ich fertige ab, er steht schön still daneben und lauscht.

»Das heißt also, Sie können mir keine verbindliche Auskunft darüber geben, ob die Verbindung von Düsseldorf nach Krefeld im Frühjahr 2017 zuverlässig ist?«

Ich schaue mir den Kunden, der das fragt, in aller Ruhe

an. Anfang dreißig, schwarze Anzugschuhe zur Jeans, graues T-Shirt, dunkelblaues Jackett. Zierliche Statur. Die Uhr ist deutlich zu groß für sein schmales Handgelenk. Sie zieht den ganzen Körper links leicht nach unten. Seine Haare hat der spätpubertäre Geschäftsmann unter Einsatz von sehr viel Gel so gestaltet, dass sie aussehen sollen, als sei er gerade aus dem Bett gefallen. Im Winter wird er nach Düsseldorf ziehen, um von unserer schönen Stadt aus täglich zu seinem neuen Job in Krefeld zu pendeln. Da braucht man selbstverständlich Planungssicherheit. Ich verstehe das. Willi rollt dezent mit den Augen.

»Die Verbindung steht«, sage ich.

»Also doch!«, freut sich die Out-of-Bed-Frisur.

»Ja, ja«, sage ich, »täglich mit der NordWestBahn, unserem freundlichen Partner in Gelb und Blau. Oder mit dem ICE und Umsteigen in Duisburg in die Regionalbahn nach Krefeld. Die Schienen liegen, der Schotter wird so schnell nicht schlecht, und ein, zwei Kunden wollen mindestens jeden Tag nach Krefeld. Da wird der dortige Bahnhof vorerst nicht abgeschafft. Ich gehe demnach stark davon aus, dass die Verbindung auch 2017 noch gegeben ist. Eine Garantie gibt es allerdings nicht.«

»Ja, aber das war doch gar nicht meine Frage!«

Jetzt guckt Out-of-Bed wieder empört. Wüsste ich's nicht besser, könnte ich schwören, dass eines seiner steil aufragenden Haare gerade wie ein Zweig im Sturm abgeknickt ist. Er wirft seine Hühnerbrust auf die Theke und zeigt seinerseits seitlich auf meinen Bildschirm, den er trotz seiner Bemühungen nicht einsehen kann.

»Meine Frage war: Kann ich sicher sein, dass die NordWestBahn ab dem 1. März 2017 morgens pünktlich kommt und keine Verspätung hat?«

»Tatsächlich?«, frage ich.

»Wie, tatsächlich?«

»Das war wirklich Ihre Frage? Ob der Pendlerzug in einem Jahr pünktlich oben an Gleis 5 einfährt? Das war die Frage?«

»Ja! Sind Sie taub?«

»Ich wollte nur sichergehen.«

Willi dreht am Ende der Theke den Kopf ein wenig zur Seite, damit sein Kichern nicht bemerkt wird.

Ich sage: »Sie möchten also von mir eine *verbindliche* Zusicherung, dass der blaugelbe Zug Sie in 365 Tagen morgens pünktlich zur Arbeit bringt?«

»Ja. Oder geht das nicht, weil das die Konkurrenz ist? Für den Fall machen Sie mir irgend so ein ICE-Abo. Das mit Duisburg da, was Sie eben meinten.«

»Schiene ist Schiene«, antworte ich. »Unsere Züge müssen genauso anhalten wie die NordWestBahn, wenn ein Baum auf den Gleisen liegt. Da können wir leider keine Kurve drumherum fahren.«

»Sie sind so witzig«, sagt der junge Mann.

Ich beuge mich ein Stück vor und lege meine Stimme noch tiefer, als sie ohnehin schon brummt. Stünde ein Glas Wasser auf dem Tresen, würde dessen Oberfläche nun vibrieren wie im ersten Teil von *Jurassic Park*, wenn der große Saurier naht. Ich frage meinen Kunden: »Was genau bedeutet denn für Sie pünktlich?«

»Na, pünktlich eben. In time. Eine, höchstens zwei Minuten später.«

»Aha. Also drei wären schon zu spät?«

»Aber sicher!«

»Sie wollen also von mir wissen, ob der Pendlerzug oben an Gleis 5 täglich mit allerhöchstens zwei Minuten Verspätung einfährt? Im März 2017?«

»Ja, doch. Spreche ich Kasachisch?«

»Ich wollte nur sichergehen.«

Der junge Mann schüttelt den Kopf. Ich kratze mein rasiertes Kinn und schaue für ein paar Sekunden nach links in die Passage, um tiefe Nachdenklichkeit zu simulieren. Zwischen den Aufgängen zu den Gleisen kleben die Geschäfte im Tunnel. Die Parfümerie und die Apotheke. Die ReiseBank und der Tchibo-Shop. Die Schuhauslage von Görtz und die Klamotten von Six. Als ich mit dem vorgetäuschten Nachdenken fertig bin, schaue ich den gepflegten Mittdreißiger mit der schweren Uhr wieder an: »Muss der Zug jeden Tag garantiert pünktlich kommen oder würde Ihnen das Anfang März reichen, damit Sie bei Ihrem neuen Arbeitgeber die ersten fünf Werktage einen guten Eindruck machen?«

Der junge Mann schöpft Hoffnung. Eine Pünktlichkeitsgarantie von der Bahn, wenn auch nur für eine Woche!

»Nun ja«, sagt er, »eine ganze Woche, das wäre schon was.«

Ich schaue erneut kurz zu Tchibo, Görtz und Six. Zähle ein paar Sekunden ab. Beobachte schnatternde Teenager vor dem Schaufenster und einen Pfandsammler, der sich ärgert, weil er nur eine 8-Cent-Glasbierflasche aus der Tonne zieht statt eines 25-Cent-Wassers aus weichem Kunststoff.

»Gut«, sage ich. »Dann bräuchten wir für diese Woche, ich würde mal schätzen, 750 Leute.«

»Was?«

»Können auch 800 oder 900 sein, da spielen viele Faktoren eine Rolle.«

»Was reden Sie denn da?«

»Sie machen doch sicher was mit Zahlen«, sage ich. »So gut wie Sie kleidet sich ja kein Realschullehrer oder Berufslyriker.«

Der Anflug eines Lächelns erscheint auf seinem skeptischen Gesicht. So schnell geht das. Bring ein paar Feindbilder deines Gegenübers ins Spiel, und du hast einen Freund gewonnen.

»Diese zusätzlichen Mitarbeiter müssten in der ersten Märzwoche 2017 in dichtem Abstand entlang der Gleisstrecke von Düsseldorf nach Krefeld stehen. Um im Fall der Fälle Astwerk von den Schienen zu klauben, aber vor allem, um sicherzustellen, dass sich an dem Tag keiner vor den Zug wirft. Das ist schon machbar, weil die NWB75018 hier im Bahnhof startet, also nicht erst von irgendwo herkommt. Allerdings könnte sie aufgehalten werden, falls jemand meint, sich im weiteren Umkreis der Stadt umbringen zu müssen, so dass andere Linien später einfahren und dann den Vorzug kriegen. Nehmen wir aber mal an, es reicht, die Gleise entlang Meerbusch-Osterath und Krefeld-Oppum bis zum Ziel selbstmordfrei zu halten, müssen wir zusätzlich für jede beteiligte Person einen Echtzeitersatz bereitstellen. Der Zugführer und sein Assistent im Fahrzeug, die Männer in der Zentrale. Fällt einer ohne Vorankündigung aus, darf der Ersatz nicht zehn Minuten brauchen, bis er von zu Hause angetanzt ist. Am teuersten von allem wird aber sicherlich sein, die Flugzeuge loszuschicken.«

»Die Flugzeuge? Welche Flugzeuge?«

»Wetterbeeinflussung durch gezielte Abgabe bestimmter Partikel in den oberen Luftschichten. Es ist keine narrensichere Methode, aber so ließen sich eventuell heftige Niederschläge oder Gewitter in der ersten Märzwoche 2017 verhindern, die ebenfalls ein Grund für Verspätungen sein könnten. Leider hat die Bahn noch gar keine Wetterbeeinflussungsflugzeuge in ihrem Fuhrpark. Die müsste der Konzern erst einmal bei Dornier oder der Airbus-Gruppe einkaufen und vorher seine Kontakte zum Bund sowie zum Geheimdienst spielen lassen, da es Wetterbeeinflussungsflugzeuge offiziell ja gar nicht gibt. Das wird kostspielig. Sehr kostspielig.«

Der Haargelgeschäftsmann macht einen Schritt zurück und führt einen Entrüstungstanz auf, das in einer vorwurfsvoll auf meine uniformierte Brust zeigenden Hand endet.

»Wissen Sie was? *Unsereins* muss sein Leben planen. *Unsereins* kann es sich nicht leisten, nach Nordrhein-Westfalen zu ziehen und dann nicht sichergehen zu können, in der ersten Woche pünktlich zur Arbeit zu kommen! *Unsereins* ist in der freien Wirtschaft nämlich ganz schnell wieder weg vom Fenster! Das können Sie als Beamter natürlich nicht verstehen.«

Ich schüttle den Kopf und benenne grinsend meinen wahren Arbeitgeber: »Nix Beamter. Angestellter der DB Station & Service AG innerhalb der DB Netz AG. Hören Sie das? Da kam direkt zwei Mal AG vor in diesem Satz.«

Die Leute gucken schon. Die vorwurfsvolle Hand zeigt immer noch auf mich. Allerdings sinkt sie langsam nach unten. Sie wissen ja noch, die schwere Uhr …

»Eine Lösung hätte ich für Sie, wie Sie tatsächlich im März 2017 jeden Tag pünktlich zu Ihrem neuen Job kommen, und das garantiert.«

Die Hand ist nun wieder unten, die Uhr zieht gnadenlos Richtung Erdmittelpunkt. Der junge Mann hebt hoffnungsvoll den Kopf, weil er den Eindruck hat, dass ich das Folgende ernst meinen könnte. Diesen Eindruck hat er, weil es tatsächlich so ist. Zwei dramatische Sekunden warte ich noch ab. Dann sage ich: »Ziehen Sie doch einfach direkt nach Krefeld, statt täglich von hier aus zu pendeln.«

Die Farbe weicht vollständig aus dem Gesicht des jungen Mannes. In Krefeld zu leben, scheint eine schlimmere Vorstellung zu sein, als wenn ich ihm als Wohnort den Archipel Gulag vorgeschlagen hätte. Er bringt fünfzig Meter zwischen sich und meine Theke, bevor er so laut, dass alle Gäste im Bahnhof es hören können, schimpft: »Sie können Sie wirklich nicht alle haben! Aber echt! Nach Krefeld ziehen! Sie können Sie nicht alle haben!«

Ich sehe ihm nach.

Willi sieht ihm nach.

Die gute Annika ist gerade in der Pause und mümmelt Marzipancroissants bei Le Crobag. Sie hätte mich wahrscheinlich spätestens bei den Flugzeugen zur Wetterbeeinflussung gebremst. Für sie ist jeder Fahrgast gleich, auch die mit den ganz dummen Fragen. Die Gute.

»Was ist so schrecklich an Krefeld?«, frage ich Willi, der sich nun langsam wieder Richtung Tresenmitte bewegt. Es steht ja momentan kein anderer Kunde an. Wie Willi sich da immer so schön auflehnt, den Ellbogen fast auf Höhe seiner Ohren, das ist einfach herrlich. Da möchte ich ihm am liebsten tatsächlich einen Barhocker und eine Fußschiene spendieren. Und natürlich einen echten DB-Drink. Wäre vielleicht ein Geschäftsmodell.

»Andreas, Andreas, Andreas …«, sagt Willi und ignoriert meine Krefeld-Frage. »Das hätte ich dir gar nicht zugetraut.«

»Was? Dass ich Grünschnäbel auf den Arm nehme, die von mir eine Pünktlichkeitsgarantie für einen Nahverkehrszug in einem Jahr wollen?«

»Nein. Dass du dich auch für die Chemtrails interessierst!«

Oh nein. Meine Fantasie des Wetterbeeinflussungsflugzeugs. Das hätte ich besser nicht im Beisein Willis erwähnen sollen. Willi ist Experte für Verschwörungstheorien. Das heißt, er glaubt grundsätzlich an alles, was von den Nachrichten ignoriert wird. Zum Beispiel an die Theorie, dass die Abgasspuren der Flugzeuge am Himmel absichtlich ausgebrachte Chemikalien sind, um das Wetter zu manipulieren und die Bevölkerung krank zu machen. Angeblich verteilen sie winzige, wollfädenartige Parasiten, die sich in die Haut eingraben. Fängt Willi jetzt damit an, hört er bis zum Ende meiner Schicht nicht mehr auf.

»Weißt du da vielleicht mehr als wir Normalsterblichen?«, fragt Willi.

Das denken übrigens alle Kunden, nicht nur mein Stammgast. Dass wir von der Bahn keine »Normalsterblichen« sind. Dass wir mehr wissen. Dass wir den Einblick in alle Hinterzimmer haben. Und wenn wir behaupten, das wäre nicht so, ist das erst recht der Beweis dafür.

»Eins nach dem anderen«, sage ich und klicke konzentriert die Maustaste. »Jetzt schauen wir erst mal nach, wieso man nicht in Krefeld leben kann.«

Damwild im Zug

»So richtig schlüssig ist das alles nicht«, sage ich.

»Nun ja, der Geist der Geschichte wirkt häufig Jahrhunderte nach«, sagt Willi. Mittlerweile hat er einen Drink vor sich auf der Infotheke stehen, einen Caffé Latte vom Bäcker. Ich trinke meinen Kaffee schwarz, direkt aus der Tasse des 1. FC Köln. Anders als sonst bekommt diese kleine Provokation heute Morgen bislang niemand mit.

»Sei nicht so esoterisch«, ermahne ich den kleinen Willi.

»Wieso?«, wehrt er sich. »Stell dir mal vor, die alteingesessene Bevölkerung würde heute plötzlich in Scharen Andersgläubige angreifen? Da wären alle entsetzt und das mit Recht.«

Annika beobachtet uns bei unserer Recherche und schüttelt nachsichtig den Kopf. Wie eine Mutter, deren pubertierende Söhne sich im Spiel mit den Ritterfigürchen verlieren. Auf dem Bildschirm sind die Lexikonseiten zu Krefeld geöffnet. Sie verraten uns, dass der Zustrom von katholischen Mennoniten in die protestantische Stadt Ende des 17. Jahrhunderts zu einer Vergrößerung des Ortes und schließlich zu Übergriffen auf die Zuwanderer führte. 1758 gab es außerdem die Schlacht bei Krefeld während des Siebenjährigen Krieges. Die Preußen meuchelten unter Prinz Ferdinand von Braunschweig am Stadtrand gleich reihenweise Franzosen.

»Das ist doch alles lange her«, sage ich. »Aber gut, es stimmt schon. In Krefeld herrschte wohl häufiger schlechte Chemie.«

Willi haut so heftig mit der flachen Hand auf den Tresen, dass sogar ich zusammenzucke. Annika lässt fast den Ausdruck der Verbindung fallen, den sie gerade einer Frau in roter Kapuzenjacke überreicht.

»Chemie!«, ruft Willi. »Natürlich! Schlechte Chemie! Das ist es!«

»Ich kann nicht folgen«, sage ich.

Annika macht eine Notiz auf unserem Block für selten angefahrene Bahnhöfe. Ich linse neugierig hinüber. Das Rotkäppchen von eben muss sich ein überaus exotisches Reiseziel ausgesucht haben. Der Block ist unser neues Hobby. Es gibt Ziele, die wählt die Kundschaft nur einmal im Jahr. Wenn es hochkommt. Manche Orte werden noch seltener genannt, so dass wir sie nachschlagen müssen, um sicherzugehen, dass sie keine Fantasiedörfer sind, die ein Hacker nur aus Spaß in die Datenbank eingepflanzt hat. Annika und ich gestalten uns den geliebten Beruf immer gerne abwechslungsreich. Sie legt den Block weg, da der nächste Kunde ansteht. Ich muss daran denken, nachher zu schauen, welche Station sie aufgeschrieben hat.

»Schlechte Chemie!«, fährt Willi fort. »Die Bayer-Werke in Krefeld-Uerdingen. Der Konzern hat doch schon vor Jahren diese Pipeline gebaut, durch die hochgiftiges Kohlenstoffmonoxid transportiert wird. Tritt davon etwas aus und gerät in die Luft oder in den Boden, ist es aus mit dem Gemüse und dem Menschen.«

Ich googele die Pipeline und überfliege die Zeilen auf dem Monitor.

Annika bedient einen Fahrgast, der das Gegenteil unserer Exotenziele auf dem Block darstellt. Er möchte eine Verbindung von Düsseldorf nach Frankfurt Flughafen. Das ist ungefähr so originell wie ein Anrufer im Radio, der sich »Atemlos« von Helene Fischer wünscht. Trotzdem nutzt der Kunde den Moment für einen kleinen Plausch, sodass ein weiterer Fahrgast entschlossen auf meine Seite des Tresens zumarschiert. Willi macht seinen Ausfallschritt, ich setze mein zuvorkommendstes Lächeln auf. Der Kunde ist ein hagerer, leicht hühnerhalsiger Mann Ende fünfzig. Runde Brille, Stoffhose, Weste, Hemd und Fliege. Das sieht man selten.

»Guten Tag«, sage ich.

»Guten Tag«, sagt er.

»Was kann ich für Sie tun?«

Die Fliege zieht ein Papier aus der Westentasche und faltet es vor mir auf. »Sie können das bitte an die Gastronomie weitergeben.«

»Wie meinen?«

Der Mann tippt auf die eng geschriebenen Zeilen. Er hat sie selber aufs Papier gebracht, mit Füller und Tinte. Die Schrift ist sehr schön. Es könnte sich genauso gut um ein Originalmanuskript von Siegfried Lenz oder Günter Grass handeln.

»Grundsätzlich geht das in Ihren Bordrestaurants alles schon in die richtige Richtung«, sagt der Mann. »Aber statt irgendwelcher Sterneköche, die ihr Gesicht in die Kamera halten, muss dringend etwas an der Vielfalt getan werden. Und an der Frische.«

Das wird jetzt schwierig.

Unmögliche Wünsche, vorgetragen von vorlauten Vokuhila-Trägern in Ballonseide, das ist leicht. Aber unmögliche Wünsche, vorgetragen von feinsinnigen Fliegenträgern in edler Kluft, das ist schwer. Ich überfliege die handschriftliche Liste der Vorschläge. Sie beginnt mit dem Abschnitt »Getränke/nicht alkoholisch«. Neben den Klassikern Bitter Lemon, Tonic Water und Ginger Ale fallen mir diverse Fruchtsäfte ins Auge. Kirsche, Johannisbeere und Grapefruit, Letzterer frisch gepresst.

»Ein Glas Grapefruitsaft moderiert den Appetit und fördert die Verdauung«, erklärt der Fliegenmann. Er rückt seine Brille zurecht und lenkt meine Aufmerksamkeit auf den Abschnitt »Gerichte/Wild und Geflügel«.

Willi nippt an seinem Caffé Latte. Die Fliege schaut kurz zu ihm. Willi schaut dezent am Infobau vorbei Richtung Hoteleingang auf der anderen Seite der Halle.

»Folgendes«, sagt die Fliege. »In der Jagdsaison könnten Sie regional direkt bei den Landesforsten bestellen. Die freundlichen Damen und Herren dort würden den Einkauf bei den jeweiligen Jägern organisieren, zentralisieren und das Wild in angemessener Menge zubereitungsfrisch anliefern. Ein Großkunde wie die Bahn wäre für diese Verbände ein Segen. Ich habe die Adresse für Nordrhein-Westfalen direkt mitgebracht. Landesbetrieb Wald und Holz NRW, die sitzen in Münster.«

»Ich soll Wild kaufen?«, frage ich.

»Natürlich wäre es für eine wirklich herausragende Gastronomie bedenkenswert, wenigstens das Hauptgericht des Tages nicht bloß aufzuwärmen, sondern frisch herzustellen. Ich weiß, das ist viel verlangt und erfordert sicher die Umrüstung der Züge. Aber wie heißt es doch gleich so schön? Seien wir realistisch, versuchen wir das Unmögliche.«

Die Fliege lacht.

Willi schaut in seinen Becher.

Annika und ihr Kunde hören auffällig unauffällig zu, wie

der schlaksige Mann die Gastronomie der Bahn revolutioniert.

»Machen Sie eine Initiative daraus«, sagt er, »aufgezogen mit großem Tamtam. Das erste Bordrestaurant mit frischer Küche. Nehmen Sie eine Verbindung, die häufig gefahren wird. Die Prestige hat. Vielleicht eine, die man mit Urlaub verbindet. Hier, der Schnellzug nach Binz. Ostseebad.«

»Das ist bloß ein IC«, sage ich.

»Gut, dann nehmen Sie den ICE nach München. Da sitzt solvente Kundschaft drin. Holen Sie sich einen Paten für die Aktion. Einen Mentor. Franz Beckenbauer!« Die Fliege hebt die Hände und umrahmt einen gedachten Werbespot in der Luft. »*Der Kaiser isst Wild – das neue kulinarische Erlebnis der Bahn.* Verstehen Sie? Das geht doch alles. Konzertieren Sie das mit Ihrer Marketingabteilung. Die Küchen in den Restaurants könnte die KEP GmbH aus Dresden konzipieren und bauen. Das wäre direkt noch ein Beitrag zur Förderung hochwertiger Hersteller aus dem Osten. Ihre PR-Abteilung jubelt doch jetzt schon. Hören Sie das, wie sie jubelt?«

Der Mann legt den Kopf schief und hält die Hand hinter sein rechtes Ohr. Neckisch heben und senken sich seine Augenbrauen. Eine Form von Wahnsinn, die mir nicht unsympathisch ist. Ich besinne mich auf meine Lieblingstechnik im Umgang mit abenteuerlichen Fahrgastwünschen und wiederhole einfach, was eben gesagt wurde: »Also, ich fasse das mal zusammen. Sie hätten gerne, dass ich dafür sorge, dass mindestens der ICE von Münster nach München über Düsseldorf, Köln, Frankfurt und Stuttgart mit einer Küche für echtes Kochen ausgestattet wird, so dass frisch geschossenes Wild aus der Region darin zu erstklassigen Gerichten verarbeitet werden kann. Gerichte, zu denen der Fahrgast frisch gepressten Grapefruitsaft oder Tonic Water trinkt, wahlweise auch Gin Tonic. Und dass die Werbeabteilung der Bahn als Schirmherr und Maskottchen der neuen Gastronomie Franz Beckenbauer gewinnt, so dass der ICE nach München mittelfristig nicht der einzige Zug mit Frischrestaurant und Wildgerichten bleibt?«

Die Fliege strahlt: »Ja. Mehr will ich gar nicht.«

»Ach? Mehr nicht?«

»Nein.«

Annika und ihr Kunde schauen stumm zu uns herüber. Beide zeigen eine Art von Fassungslosigkeit, wie sie nicht durch Abscheu, sondern durch Bewunderung hervorgerufen wird. Ich frage mich, wie ich das jetzt geregelt kriege.

»Also, wo soll ich anfangen?«

Der Fliegenmann schaut so neugierig wie skeptisch über den Rand seiner runden Brille.

Ich sage: »Die Gastronomie im Zug fällt tatsächlich in den gleichen Firmenbereich wie meine Tätigkeit hier. Allerdings müssten Sie für Ihr Anliegen in das komische dreieckige Haus am Potsdamer Platz in Berlin, das Sie sicher schon mal gesehen haben. Dort finden Sie dann auf den verschiedensten Etagen die korrekten Ansprechpartner für Ihren Vorschlag. Die Waggons mit dem Restaurant komplett umzubauen, dafür dürfte der Konstrukteur und Produzent unserer ICEs zuständig sein, das ehrenwerte Traditionshaus Siemens. Köche zu finden, die es schaffen, in einem fahrenden Zug gelassen das Wild in der Pfanne zu schwenken, dürfte eine Ausschreibung der DB JobService GmbH erfordern. Wer allerdings beim Forstverband das Fleisch einkauft und wer Franz Beckenbauer anruft, damit bin ich gerade überfragt.«

Die Fliege starrt mich an. So ruhig wie bedrohlich liegen seine langen Finger auf dem handgeschriebenen Entwurf für eine neue Bahn der Feinschmecker. Schweigend wartet er ab. Wie der Direktor eines Internats in einem Schwarzweißfilm aus den Sechzigern, der die Gesamtausgabe von Friedrich Hölderlin hinter sich im Regal stehen hat und dennoch gleich aufstehen und seinem Schüler ganz unpoetisch eine verpassen wird. Nach quälenden zehn Sekunden faltet er seinen Plan zusammen, steckt ihn in die Westentasche zurück und sagt mit schmalen Lippen: »Gut. Ich dachte, so ein Infopunkt hier wäre die Verbindung zu allen Gliedern Ihres großen Leviathans. Nun, da habe ich wohl falsch gedacht.«

Ich schweige mit Bedauern.

Der Mann rückt aristokratisch seine Weste zurecht. »Ich denke, dann führt mein Weg mich nun wohl nach Berlin.«

So sagt er's und marschiert stolz davon.

»Wow«, sagt Annika.

»Frisches Wild im Restaurant fände ich gar nicht schlecht«, sagt ihr Kunde. »Nur kein Kaninchen. Aber Rotwild und Damwild, schön als Rücken, Keule oder Gulasch. Njam, njam, njam!«

Willi schleicht zur Mitte des Tresens zurück. »Andreas, also wirklich. Dass du nicht einmal das regeln kannst. Frischküchenumbau, Sterneköche für Wildbret und Franz Beckenbauer. Mehr verlangte der Mann doch gar nicht!«

Ich wende mich wieder meinem Monitor zu. »Wo waren wir stehen geblieben? Ach ja, Krefeld. Die Pipeline. Guck hier, da strömt noch gar kein Gas durch. Die Bauern, die Anwohner, sogar die Politiker klagen den Konzern in Grund und Boden.«

»Hm«, sagt Willi, in Gedanken wohl noch beim Damwild. Ich muss zugeben: Obwohl ich eher ein Freund der Currywurst und der einfachen Frikadelle bin, bekomme ich seit eben das Bild eines Festtagsbratens mit schwerer, dunkler Soße und Klößen nicht mehr aus dem Kopf.

»Hast du denn irgendwelche persönlichen Erfahrungen mit Krefeld gemacht?«, frage ich Willi.

Abweisend hebt er die kleinen Hände. »Ich? Wo denkst du hin? Ich reise doch nicht!«

»Willi! Krefeld ist doch nicht Reisen! Rügen ist Reisen. Mindestens Rügen. Eher Spanien oder Griechenland. Oder Australien. Außerdem glaube ich dir nicht, dass du noch nie Zug gefahren bist.«

»Die Amaxophobie ist nicht aufs Autofahren beschränkt«, sagt er. Das ist das erste Mal, dass er ein Fachwort für seinen Zustand erwähnt. Jetzt weiß ich gar nichts mehr zu erwidern. Obwohl eigentlich Willi im Moment der Beleidigte sein müsste, rettet er uns aus dem peinlichen Schweigen. »Obwohl… wenn es in der Bahn Wild gäbe, würde ich mir das noch mal überlegen.«

Ich lächele fragend.

Lachend winkt er ab: »Nein, war ein Scherz. Auch mit Wild würde ich nicht fahren.«

Ein neuer Fahrgast naht. Er möchte nach Kiel. Unsere Recherche zu Krefeld muss warten. Willi macht Platz, ich drucke die Verbindung aus und stecke sie zu den bereits gesammelten Informationen nebst der Fahrkarte in den Umschlag. Während ich das glatte, stabile Papier einnestele, sage ich dem Mann, dass er sich Grapefruitsaft oder Schweppes vorher im Supermarkt besorgen müsste, falls ihm während der Fahrt danach sein sollte.

»So, so«, sagt er.

»Ja«, sage ich und gebe ihm seine Verbindung. »Ach ja, und sollten Sie Heißhunger auf frisches Wild bekommen, lieber einen Zug später fahren. Gehen Sie vorher in Ruhe essen. Bei Hauck's oder in der Alten Töpferei. Mit dem Beckenbauer und den Wildköchen, das dauert noch.«

Verwirrt schaut der Mann zu Annika.

»Hauck's ist wirklich gut«, sagt sie. Dabei lächelt sie ihn an wie eine Mutter, die sagt: Nehmen Sie den großen Kleinen hier neben mir nicht zu ernst.

Der Mann bringt Land zwischen sich und unseren Tresen.

Ich rücke auf, stupse Annika sanft mit der Schulter an und blättere den Block für seltene Ziele auf. Das Rotkäppchen wollte nach… Eckartsberga.

»Sachsen-Anhalt«, erklärt Annika. »Nähe Halle an der Saale. Liegt an der Finne, einem kleinen Bergzug entlang der Grenze zu Thüringen.«

Ich starre auf die eng beschriebene Seite. Annika hat die Verbindung gleich mitaufgeschrieben. 5 Stunden und 52 Minuten, mit Umstiegen in Köln, Frankfurt Flughafen, Erfurt und Sömmerda.

»Hey. Hallo! Krefeld weitermachen!«, ruft Willi von meiner Tresenseite.

Die Pflicht ruft.

Ich setze mich wieder vor den Browser und denke an Wildbraten.

Filzgleiter

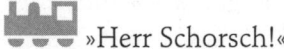»Herr Schorsch!«

Meine Güte, was die Leute alles bei Google Earth einstellen. Fotos über Fotos. Altstadt bei Tag. Altstadt bei Nacht. Das Parkhaus Hansastraße. Das Steakhaus Comeback. Krefeld in seiner ganzen Pracht.

»Herr Schorsch!«

Der Südeingang des Krefelder Hauptbahnhofs sieht gar nicht so übel aus. Ein Glasgebäude hinterm Kreisverkehr. Auf den ersten Blick erinnert es an ein Gartencenter.

»Herr Schorsch!«

Ich blicke auf.

Weniger wegen des dritten »Herr Schorsch!«, sondern eher, weil Annika sich geräuspert hat. Der kleine Prinz steht vor dem Tresen.

»Ich muss Ihnen doch wohl nicht sagen, *wie sehr* die private Nutzung dieses Rechners untersagt ist, oder?« Er beugt sich vor und zeigt gleichzeitig mit dem kurzen Arm in die Vorhalle. »Sie sitzen hier in der Öffentlichkeit. Was soll denn die Kundschaft denken, wenn die sieht, dass Sie hier mit Drohnen herumspielen?«

»Ich recherchiere«, sage ich.

Das stimmt ja schließlich auch.

Willi ist mittlerweile nach Hause gegangen. Mit Betonung auf *gegangen*. Er besucht uns immer in der Mitte der Schicht, so dass ich ihm nie weiter als bis zum Vorplatz folgen kann. Wer weiß, vielleicht steigt er schon am Stresemannplatz in eine Straßenbahn. Seine Phobie vor jeder Art von Verkehrsmitteln habe ich in der Zwischenzeit auch nachgeschlagen. Es gibt sie wirklich. Einen Grund für eine Phobie vor der Stadt Krefeld als Wohnort habe ich allerdings immer noch nicht gefunden. Außer, jemand hätte pathologische Furcht vor Krähen. Die gibt's aber im ehemaligen »Krähenfeld« sicher heute auch nicht häufiger als anderswo.

»Chef«, sage ich, »neulich hatte ich einen Fahrgast hier am Tresen, der wünschte eine Verbindung nach Bonn, aber nicht über Köln. Haben wir eingerichtet, konnten wir verstehen. Köln und Düsseldorf, das ist so eine Sache. Aber jetzt...«

»Herr Schorsch!«, unterbricht mich der kleine Prinz und deutet mit einer sanften Kopfbewegung auf einen Menschen hinter sich. »Kundschaft!«

Der Kunde tritt an den Tresen. Der kleine Prinz weicht aus und bleibt stehen. Na super, Fahrgastberatung unter Beobachtung. Ist ja fast wie an einer Hotline, wo »die Gespräche zur Qualitätssicherung aufgezeichnet werden«.

Der Fahrgast ist ein Mann Mitte vierzig. In Cordhose. Das sieht man heutzutage selten. Sein Hemd steckt gebügelt im Hosenbund. Es trägt ein buntes, kariertes Muster. Sieht fast so aus, als hätte sich der Mann in ein Geschirrtuch gekleidet.

»Hallo«, sagt er.

»Hallo«, sage ich und deute auf den kleinen Prinzen. »Bevor wir anfangen, muss ich Ihnen sagen, dass unser Gespräch aus Gründen der Qualitätssicherung observiert wird. Wenn Sie damit nicht einverstanden sind, sagen Sie Bescheid.«

Der Geschirrtuchmann wirft einen flüchtigen Blick auf die winzige Gestalt neben sich, die er um zwei Köpfe überragt.

»Ist in Ordnung«, sagt er, »man darf ruhig hören, was ich zu sagen habe.«

Diese Leute heutzutage. Nun gut, einen Versuch war's wert.

»Was gibt's denn?«, frage ich und klicke beiläufig den Browser mit Google Earth weg, so dass wieder meine berufliche Benutzeroberfläche erscheint.

»In meinem Zug…«, setzt er an.

»In *Ihrem* Zug?«, antworte ich instinktiv.

Der Mann stockt.

Diesen Reflex sollte ich unterdrücken, wenn der Chef daneben steht. Ich wundere mich nur jedes Mal, wie häufig hier die Eigentümer der Züge vor meiner Theke stehen.

»Ja, also, in meinem Zug, mit dem ich jeden Tag fahre, dem Regionalexpress Richtung Emmerich, ich steige in Duisburg aus…«

Das mag ich wiederum.

Präzise Angaben.

Solide Ortskenntnis.

»…in meinem Zug krabbelt jeden Morgen und jeden Nachmittag ein dreckiger Pfandsammler herum.«

Oh.

Jetzt muss ich mich beherrschen.

Beobachtung und so.

Ich muss mich beherrschen.

Ich muss vergessen, dass ich so ein gutes Ohr habe. Ein Ohr dafür, was die Wortwahl über einen Menschen aussagt. Oder besser: Was ein Mensch durch seine Wortwahl aussagt.

»Er krabbelt?«, frage ich.

»Wie?«

»Na, der Pfandsammler. Er *läuft* nicht durch den Zug oder *geht* durch den Zug, sondern er *krabbelt*?«

Der Geschirrtuchmann lässt seinen Kiefer kreisen. »Ja, jetzt nicht auf allen vieren oder so, wenn Sie das meinen.«

»Also *geht* er durch den Zug? Wie ein Mensch? Er *krabbelt* nicht wie ein Insekt oder ein Schädling.«

Der kleine Prinz räuspert sich vernehmlich.

»Ja, er geht durch den Zug«, sagt das Geschirrtuch.

»Und er ist dreckig?«, hake ich nach. »Ein dreckiger Schädling?«

Der kleine Prinz räuspert sich lauter. Es grenzt schon an Husten.

»Ja, er ist dreckig!«, schimpft mein Gegenüber. »Und was das Schlimmste ist: Er beugt sich zwischen alle Sitzgruppen, öffnet diese kleinen Mülleimer und lässt sie dann laut wieder zuknallen. Wissen Sie eigentlich, wie nervig das ist?«

Der kleine Prinz nickt mit halb geschlossenen Augen, als könne er den Kunden bestens verstehen. Ich sage mir innerlich: Du musst dich beherrschen. Du musst dich beherrschen. Das Problem ist natürlich, dass ich in meinem ganzen Leben immer das Gegenteil von dem gemacht habe, was ich angeblich musste.

»Gehen Sie manchmal in den Volksgarten?«, frage ich.

»Aber sicher. Ich bin Düsseldorfer.«

»Dann kennen Sie doch bestimmt die Männer mit den Greifern? Die den Müll picken?«

»Schon gesehen, ja.«

»Ein Euro die Stunde«, sage ich. »Das ist der Lohn. Oder, man kann sagen, das Schmerzensgeld für die Demütigung durch die Arbeitsagentur. Der freischaffende Pfandsammler schafft einen Euro in drei Minuten. An guten Tagen sogar schneller. Zum Beispiel im Regionalexpress.«

»Herr Schorsch!«, platzt es aus dem kleinen Prinzen heraus, der sich nun ins Bild schiebt und den Fahrgast gütlich an den Oberarm fasst.

»Was mein Angestellter damit sagen will, ist: Haben Sie ein wenig Nachsicht mit den Armen in dieser Gesellschaft. Er ist sehr sozial, wissen Sie? Wie unser Unternehmen überhaupt.«

Annika druckt eine Verbindung aus. Ein Rollkoffer rattert vorüber.

»Das bedeutet allerdings nicht«, fährt der kleine Prinz fort, »dass wir die Pfandsammelei in den Zügen oder hier im Bahnhof gutheißen. Auf gar keinen Fall!«

»Aber Sie lassen es doch zu!«, sagt der Kunde. »Ich habe noch nie, noch *niemals* gesehen, dass ein Schaffner so ein Subjekt aus dem Zug geworfen hätte.«

»Ja, also ...«, sagt der Chef.

»So, so, ein Subjekt«, sage ich. »Ein krabbelndes, dreckiges Subjekt.«

»Herr Schorsch!«, sagt der kleine Prinz.

»Augenblick«, sage ich und hebe den Hörer des Telefons ab, »ich rufe eben die Schädlingsbekämpfung an.«

Auf der Stirn des Geschirrtuchmanns vertieft sich eine Zornesfalte.

»Sagen Sie«, fragt er den kleinen Prinzen, »unterstellt man mir hier irgendwie Menschenfeindlichkeit oder wie sieht das aus?«

»Nein, nein«, sage ich, »Sie sind ein wahrer Humanist.«

»Ich gebe das persönlich weiter«, sagt der kleine Prinz. Er zieht einen Stift und einen kleinen Block aus seiner Tasche. »Das war noch mal welcher Regionalexpress?«

»Der Zehnfünfzig …«

»Mal was anderes eben«, unterbreche ich den Fahrgast. »Hätten Sie vielleicht eine Idee, wieso jemand auf Teufel komm raus vermeiden möchte, in Krefeld zu leben? Gibt's da zu viele Pfandsammler? Ich meine, Google Earth hilft mir gerade kaum weiter. Die Fußgängerzone, der Bahnhof, die Unterkirche – das sieht alles recht schick aus. Wobei, klar, Oppum ist natürlich wirklich schäbig …«

Der kleine Prinz hebt den Zeigefinger wie Lehrer Lämpel bei Wilhelm Busch. Seine Schläfen färben sich in einem sanften Rot.

»Krefeld und Oppum sind wunderschöne Orte, an denen es rein gar nichts auszusetzen gibt. Es gibt sowieso an keinem der Orte, die unser Unternehmen ansteuert, irgendetwas auszusetzen.«

»Außer, dass überall dreckige Pfandkäfer herumkrabbeln«, sage ich.

»Sie sind ja alle vollkommen wahnsinnig«, sagt der Geschirrtuchmann.

»Jetzt beruhigen wir uns doch einfach«, schaltet sich Annika ein. Privat liest sie zurzeit die aktuellen Worte des Dalai Lama. Auf ihrer Seite des Tresens steht ihr Glücksbringer. Eine Düsseldorfer Schneekugel aus ihrer Kindheit, die sie sich nach 25 Jahren von einer ehemaligen Schulfreundin wiedergeholt hat.

Annika sagt: »Es gibt doch eine einfache Lösung für das Problem dieses geehrten Gastes.«

»Ach?«, fragen der kleine Prinz und ich einhellig.

»Aber sicher«, sagt Annika.

Gespannt warten wir alle ab. Es scheint, als bremsten sogar die vorbeilaufenden Gäste wie in einem Film auf 0,8-fache Geschwindigkeit ab.

»Filzgleiter«, sagt Annika.

Da steht es, das Wort, in all seiner Pracht, mitten im Bahnhof.

Filzgleiter.

Annika erklärt: »Die Bahn macht einen Großeinkauf beim Hersteller ... Andreas, welcher Firmenzweig wäre dafür zuständig?«

Ich überlege schnell. »In dem Fall die DB Regio AG. Äh, genauer gesagt: Die DB Regio AG – Regionalleitung NRW. Oder?«

Der kleine Prinz legt den Finger ans Kinn. Er nickt zögerlich.

»Gut. Die DB Regio AG – Regionalleitung NRW kauft ein paar tausend Filzgleiter und klebt sie an die Unterseite der Deckel dieser kleinen Mülleimer im Regionalzug. Ich meine, da hat der gute Mann hier doch recht. Dieses Deckelgeklapper ist wirklich pervers laut. Filzgleiter drunter, und es ist Ruhe im Zug, selbst wenn der Sammler sammelt. Wäre das ein Kompromiss?«

Der kleine Prinz, der Geschirrtuchmann und ich schauen Annika in all ihrer weisen Pracht an. Ich merke, wie der Kunde mit sich kämpft, weil ihn allein die Anwesenheit des Pfandverwertungsfreiberuflers im Zug schon stört, ob der Klappdeckel nun leiser wird oder nicht. Einige Momente ringt er mit sich, dann wendet er sich an meinen Chef: »Wäre das denn einzurichten?«

Der kleine Prinz hebt seine Brauen und schiebt unwillkürlich für einen Augenblick die Unterlippe unter die Oberlippe. Dann fängt er sich.

»Öhm. Ja. Nun. Das ist zwar ein durchaus unorthodoxer, aber bedenkenswerter Vorschlag.«

»Die Bahn könnte es groß bewerben«, sagt Annika. »Eine PR-Aktion. *Klappe zu! Die Bahn dämpft ab!* Irgendwie so. Das geht sicher schneller als der Wildbret-Umbau im ICE.«

»Der was?«, fragt der kleine Prinz.

»Abgemacht!«, sagt der Kunde. »Ich verlass mich auf Sie und komme darauf zurück.«

Er wirft mir einen bösen Blick zu, gibt dem kleinen Prinzen die Hand und nickt Annika freundlich zu. Dann rauscht das Geschirrtuch davon.

Der kleine Prinz steht sprachlos vor dem Tresen.

»Sie müssen zugeben, die Idee ist wirklich nicht übel«, sage ich.

Der kleine Prinz schnauft.

Ich wende meinen narrensicheren Trick an. Zutrauen und Lob. »Chef, wenn einer das anleiern kann, dann ja wohl Sie!«

Die Zornesfalte glättet sich langsam.

Der Trick funktioniert.

»Die Bahn kann nicht einfach irgendwo bei Hornbach 10 000 Filzgleiter kaufen. Das müsste ausgeschrieben werden.«

Ja, denke ich mir im Stillen. So wie früher immer die Rechner ausgeschrieben wurden, und dann kamen Geräte von Siemens für 10 000 Mark das Stück, die fünf Jahre älter und schlechter waren als die aktuellen Heimcomputer für die Hälfte. Sage ich aber nicht. Hauptsache, der Chef hat eine neue Aufgabe.

»Ich werde mal telefonieren«, sagt er. Sein Blick schweift in Gedankenferne. Der Motor läuft an. Der kleine Mann setzt sich in Bewegung. Bevor er ganz Richtung Büro verschwindet, dreht er sich noch mal um und sagt: »Ach, Herr Schorsch?«

»Ja, Chef?«

»Krefeld ist wirklich nicht so berauschend.«

Und weg ist er.

Annika schaut mich an, als wolle sie sagen: Das wird hier immer besser.

Ich schalte Google Earth wieder an.

Wer nicht meckert, der ist krank!

Die Lokführer streiken. Das ist so ein harmloser Satz. Nur drei Worte. Aber *was* für eine Wirkung! Üblicherweise ist das Volk ja geduldig geworden. Bis in Deutschland die Massen rebellieren, dauert es lange. Da steht der Franzose schon längst auf der Straße, während unsereins noch wie hypnotisiert auf die Handraute der Kanzlerin schaut und sich sagt: Wird schon alles werden. Nicht so jedoch, wenn die Züge nicht mehr fahren.

Nicht so, wenn der Alltag ins Stocken gerät.

Nun hat die offene Gesellschaft den Vorteil, dass alle stets rechtzeitig informiert werden und sich daher an vieles gewöhnen. Lokführerstreik, das kennt man mittlerweile. Früher drang während des Arbeitskampfes kaum etwas zu den Kunden durch, aber mit der Zeit lernte jeder, was in den Wochen der Entbehrung auf ihn zukommt. Streik, das bedeutet Ersatzrouten. Streik, das bedeutet Busse. Streik, das bedeutet lange Diskussionen hinter verschlossenen Türen mit stillem Wasser aus kleinen Flaschen und lange Diskussionen in abendlichen Talkshows mit stillem Wasser aus bereitgestellten Gläsern. In jedem Fall bedeutet Streik, dass San Pellegrino bedeutend mehr Wasser verkauft *und* dass absolut *jeder* Zug jederzeit ausfallen kann.

Jeder.

Nur nicht *meiner*.

Das denkt der Mensch, menschlich wie er ist. Genauso, wie er weiß, dass der Tod eines Tages *jeden* todsicher ereilen wird. Außer *ihn*.

Und so stapft man dann als Kunde während des Streiks morgens zum Bahnhof und schaut einfach mal nach.

Irgendwas wird schon fahren.

Wenigstens der »eigene« Zug.

»Andreas?«

»Ja?«

Ich blicke von meinem Monitor auf. Annika zeigt auf einen Fahrgast, der sich zielstrebig unserer Theke nähert.

Annika fragt: »Machst du den?«

Ich nicke.

Der Kunde hetzt und folgt gleichzeitig in aller Ruhe seinem seit Jahrzehnten angewöhnten Pendlerritual. Ein Schauspiel für sich selbst und andere, das er braucht und das er liebt, auch wenn es nicht so aussieht. Wie ein Spiel. Und das geht so: Der Pendler rauscht rein in den Bahnhof und wirft einen hastigen Blick auf die Anzeigetafel. Als wüsste er nicht, wann sein Zug fährt. Als nehme er nicht seit zehn Jahren die gleiche Strecke. Als wäre er zu spät dran. Dann hastet er in die Bäckerei. Erwirbt einen Kaffee im Pappbecher und etwas zum Kauen, weil es undenkbar ist, die vierzehn Minuten lange Fahrt von Düsseldorf nach Duisburg ohne Becher in der Hand zu absolvieren. Nicht, dass der Mann eine halbe Stunde zuvor daheim nicht auch schon einen Kaffee getrunken hätte. Darum geht es nicht. Es geht um den Becher. Der Becher ist ein Symbol. Der Becher sagt: Ich bin voll beschäftigt. Ich leiste etwas. Ich

ruhe nie. Deswegen haben Kommissare, Ermittler, Profi-
ler oder Forensiker in allen Fernsehserien immer einen großen Becher dabei. Wenn sie zum Tatort kommen. Wenn sie
durchs Büro rasen. Wenn sie aus einem schwarzen Auto
steigen. Wer keinen Becher hat, kann nicht wichtig sein.
Wer keinen Becher hat, arbeitet zu wenig. Mit dem Becher in der Hand folgt der Abstecher zum Kiosk oder in die
Buchhandlung. Zeitung greifen. Immer dieselbe. Das Kleingeld klimpert bereits passend in der Hand. Wieder raus in
die Vorhalle. Becher, Zeitung, Augen groß. Anzeige. Und
dann – der Schock!

Was⸮

Mein Zug fährt nicht⸮⸮⸮

Potzteufel!

Sicher, da war was im Radio heute Morgen. Ganz, ganz
großer Streik. Ausfall nahezu aller Verbindungen.

Aber das betrifft doch nicht *mich*!!!

Der Kunde ist an der Theke angekommen. Ich lächele
ihn freundlich an. Kein Krümel auf meinem Revers. Annika
sortiert Papiere.

Des Pendlers Welt liegt in Scherben. Die Hand, die den
Kaffeebecher hält, zittert. Nein – sie bebt!

»So machen Sie doch was!«

Über uns flimmert die überdimensionale Anzeigetafel.
Anders als sonst ist darauf keine einzige Zeile zu sehen, die
den Ausfall eines Zuges verkündet. Das liegt daran, dass
man während des Streiks dazu übergegangen ist, nur noch
die Züge einzublenden, die überhaupt fahren. Der Einfach-
heit halber. Und wegen des positiven Denkens. So wie im
Restaurant. Zu essen gibt's, was auf der Speisenkarte steht.

Der Pendler nennt mir den Zug, den er eigentlich bräuchte.
Er steht nicht drauf.

Auswendig antworte ich: »Nach Duisburg geht auch einer um drei vor. Der fährt sogar sechs Minuten früher als Ihr üblicher Zug. Und selbst den kriegen Sie noch.«

Natürlich kriegt er ihn noch. Er ist jeden Morgen mehr als rechtzeitig am Bahnhof. Rechtzeitig und gehetzt. Selbst für den früheren Zug hat er jetzt noch einige Minuten Puffer.

Problem gelöst.

Ich lächele.

Der Pendler lächelt nicht.

»Aber das ist doch ganz anders. Ich fahre immer auf Gleis 17!«

Ich schaue ihn an.

Becher. Zeitung. Geliebte Hast. Wäre ich der Sprecher einer Naturreportage, würde ich jetzt sagen: *Dieses Exemplar gehört zur am häufigsten auftretenden Gattung im Groß-stadtdschungel. Es handelt sich um das Gewohnheitstier.*

»Heute fahren Sie dann halt mal auf Gleis 18. Liegt am selben Bahnsteig, direkt gegenüber.«

»Aber sonst…« Das Gewohnheitstier gerät aus dem Tritt. Stolpernde Gedanken machen sich breit.

»Ja, ich weiß, sonst ist es drei nach statt drei vor und Gleis 17 statt Gleis 18. Nur heute nicht. Und morgen nicht und übermorgen wahrscheinlich auch nicht. Dafür fährt aber immerhin jeden Tag dieser andere Zug nach Duisburg. Sie kommen trotz Streik pünktlich zur Arbeit. In einem Zug statt in einem Bus. Das können viele andere nicht von sich behaupten.«

»Aber, aber… der Zug ist doch nicht *meiner*!«

Die Kaffeebecherhand verstärkt ihr Beben. Annika konzentriert sich aufs Aufräumen.

Der Pendler sagt: »Können Sie denn da nichts machen?«

Da ist sie wieder.

Die Allmacht, die man mir unterstellt.

Die Macht, den Regionalexpress, mit dem der Mann sonst jeden Tag fährt, persönlich aus der Garage zu holen und nach Duisburg zu fahren.

»Wie gesagt. Sie kommen mit dem anderen Zug sogar *früher* nach Duisburg. Es ist Streik, und Sie sind *schneller* auf der Arbeit.«

Des Mannes Lippen zittern.

Sechs Minuten früher fahren.

In einem *anderen* Zug.

Auf der *anderen* Seite des Bahnsteigs.

Was verlangt man demnächst noch von ihm?

Die Tageszeitung wechseln?

Tee trinken statt Kaffee?

Mit dem Rucksack durch Indien reisen?

Wobei, ich muss schon sagen – es würde mich durchaus reizen, mal einen Zug zu fahren. Nicht immer. Nicht als Hauptberuf. Nur mal so, für diesen Kunden zum Beispiel, ganz spontan von einem Bahnhof zum anderen. Viele Selfies machen. Die Reise ins Netz stellen. Berühmt werden als der Expressfahrer vom Niederrhein. Das wäre was.

Langsam drängt die Zeit.

Der Mann hat noch vier Minuten. Machbar, trotz heißen Kaffees und unter den Arm geklemmter Zeitung. Wenn er sich beeilt, was er ja ohnehin jeden Morgen macht. Der typische Bewegungsablauf der Gattung Gewohnheitstier: Trotz ausreichend Zeit im Vorfeld geht's am Ende im Tiefflug durch die Mitmenschenmenge.

»Wagen Sie es einfach«, sage ich. »Nehmen Sie einen anderen Zug!«

Er starrt mich an.

Jetzt sind es noch drei. Drei Minuten früher fahren.

In einem anderen Zug.

Auf der anderen Seite des Bahnsteigs.

Er kann es immer noch nicht fassen.

Ich sage: »Sie müssen sich jetzt entscheiden. Noch drei Minuten. Danach geht lange nichts mehr.«

Der Pendler spitzt die Lippen. Noch zwei Sekunden. Er nimmt seine Beine in die Hand und macht sich auf den Weg.

Tiefflug.

Weg da!

Fünf Minuten später weiß ich, dass er es geschafft hat. Er kommt nicht wieder, um sich zu beschweren. Er sitzt früher als üblich in einem Zug, den er noch nie betreten hat, und fährt auf einem neuen Weg zur Arbeit.

Annika applaudiert.

Ich sage: »Der Schorsch öffnet Horizonte.«

Annika sagt: »Jetzt habe ich selber Lust auf frischen Kaffee.«

Gerade will ich anbieten, welchen zu holen, da zuckt meine liebe Kollegin zusammen.

»Ja, *ihr* sitzt da gemütlich in eurem Kabuff!!!«

Ich betrachte den Mann, der da so hässlich schimpft. In meinem Inneren springt wieder die Stimme des Naturreportage-Sprechers an: *Hier sehen wir nun eine weitaus unangenehmere Gattung als das Gewohnheitstier – den gemeinen Brüllaffen.*

Der Brüllaffe macht ein paar Schritte auf uns zu.

»*Ihr* müsst nicht jeden Tag zur Arbeit fahren! *Ihr* seid ja schon da!!!«

Feine Tröpfchen Spucke fliegen durch die Luft und benetzen den Tresen. Der Brüllaffe trägt einen Rucksack und hat sein Hemd schief geknöpft. Unten steht eine Hälfte zehn Zentimeter über. Der Gürtel ist neben der Schnalle abgewetzt.

»Wohin müssen Sie denn?«, frage ich.

»Duisburg!!!«, krakeelt der Mann. Es klingt, als sei allein diese Tatsache bereits das reine Grauen und außerdem auch unsere Schuld. Wieso muss er täglich als Lohnsklave nach Duisburg? Wieso darf er nicht selbständig sein, irgendwo an der Nordsee oder im Bayerischen Wald?

»Da hätten Sie ein bisschen früher kommen müssen. Duisburg geht immer noch jeden Tag, aber um drei vor statt um drei nach.«

»Ja, ja, *ihr* stellt euch das alles immer so leicht vor!«

Der Mann brüllt nicht nur so laut, dass jeder im Umkreis von hundert Metern es hören kann. Er schaut sich auch nach jedem Satz um, als ob er Applaus einholen will. Mein innerer Reportage-Sprecher sagt: *Anders als das Gewohnheitstier will der Brüllaffe überhaupt keine Lösung. Er sucht ausschließlich nach einem Schuldigen, dem er möglichst laut die Meinung geigen kann, so dass andere Mitglieder des Rudels es hören. Das Unverständnis für die Sachlage erhöht lebensgefährlich seinen Blutdruck, so dass er allein aus Überlebensinstinkt Dampf ablassen muss.*

Ich sage: »Vom Brüllen kommt auch nicht eher ein Zug.«

Er brüllt: »Hauptsache, *eure* Pension ist sicher!«

Ich sage: »Entweder in einer Stunde oder Schienenersatzverkehr mit dem Bus in, warten Sie, zehn Minuten, ab…«

»Ich kotze!«, beendet der Mann das »Gespräch« und zieht ab. »Ich kotze, ehrlich!«

Betroffen sieht Annika ihm nach. Halb, als halte sie das ganze Geschimpfe nicht mehr aus – wie ein kleines Mädchen, dessen Eltern jeden Tag streiten, während es sich unterm Tisch zusammenkauert. Halb, als bedauere sie Menschen, die sich selber mit solcher Hingabe einen kommenden Schlaganfall züchten wie andere Leute Kürbisse oder Balkontomaten.

Der dritte Fahrgast des Streikmorgens steht am Rande der Theke. Wir bemerken ihn erst, als er spricht. Er muss sich im Sturmgetose des Brüllaffens unbemerkt angeschlichen haben. Auch er hat einen Becher dabei, aus dem er schläfrig nippt.

»Geht Köln?«

Oh.

Die dritte Gattung.

Der müde Grummler.

Ich schaue nach.

»Ja, nur 31 statt 39, also acht Minuten früher.«

Was für ein Streik, denke ich. Die Fernziele sind völlig im Eimer, aber im Nahverkehr kommt die Hälfte der Leute früher als geplant von der Stelle. Zumindest heute.

Der Mann ist dennoch unzufrieden. Ungläubig nimmt er den Deckel seines Kaffeebechers ab und schaut hinein wie in einen tiefen Brunnen.

»Bah«, meckert er, »was die sich heutzutage unter Aroma vorstellen...«

Da meine Fantasie nicht mit der Wiedergabe aufhört, wenn das Band einmal angeworfen wurde, kommentiert mein innerer Reportage-Sprecher: *Ob Gewohnheitstier, Brüllaffe oder müder Grummler. Die Spezies des Rheinländers an sich ist immer etwas unzufrieden. Scheint in seinem Revier die Sonne, ist es ihm zu heiß. Stöhnend und klagend legt er dann die Hand auf die Stirn und äußert Laute des Unmuts in seiner jeweiligen Regionalsprache, wie etwa: »Isch jonn kaputt!« Also: »Ich gehe kaputt!« Die Temperatur, ab welcher der Rheinländer kaputtgeht und welche er gerne auch als »afrikanische Hitze« bezeichnet, liegt bei 24 Grad Celsius aufwärts. Fällt das Thermometer hingegen unter 21 Grad, schimpft er über »sibirische Verhältnisse«. Macht der Rheinländer erfolgreich Beute in Form einer mittels Münzen erworbenen Portion frittierter Kartoffelstäbchen, fragt er bei einer Menge von 21 Stäbchen, wer denn bitte schön von derlei winzigen Portionen satt werden solle. Dabei lässt er trotzdem drei der Stäbchen ungegessen liegen. Bekommt er am nächsten Tag vom Stäbchenzubereiter zum Ausgleich ganze 25 Stäbchen serviert, meckert er über die Verschwendung. »Wer soll das denn alles essen?«, fragt er den Frittierer und fügt mit vorwurfsvollem Ton hinzu: »Ist Ihnen eigentlich klar, wie viele Menschen auf der Welt hungern?«*

So tyrannisch es wirkt – nichts davon meint der Rheinländer böse. Eigentlich liebt er seinen Stäbchenfrittierer und manchmal sogar das groß gewachsene männliche Rotkäppchen hinter der Infotheke am Bahnhof. Jedenfalls, solange kein Streik ist. Hört der Rheinländer vollständig auf, sich zu beschweren, hat man erstmals Grund, sich wirklich Sorgen zu machen. Denn die wichtigste Regel, die für alle Gattungen links und rechts des väterlichen Flusses gilt, lautet: Wer nicht meckert, der ist krank!

Der müde Grummler steckt den Deckel wieder auf seinen Becher. »Einunddreißig?«

»Ja«, bestätige ich. »Einunddreißig. Gleis 15.«

Der Grummler sagt: »Drauf geschissen.«

Ob er damit meint, dass ihm anders als dem Gewohnheitstier egal ist, wann sein Zug fährt oder ob er nun gar nicht mehr zur Arbeit geht, werden wir nie erfahren.

Der nächste Morgen.

Kurz vor acht.

Streik hält an.

Lokführer verhandeln.

Menschen meckern.

Erde dreht sich.

Auf dem Tresen steht eine neutrale Tasse der Deutschen Bahn. Kein Motiv von BAP. Keine Silhouette des Kölner Doms. Kein Geißbock. In diesen harten Tagen halte ich mich zurück. Zeit für den zweiten Kaffee. Eigentlich eher für den dritten in dieser taktischen Lage, aber irgendwie habe ich keine Chance, schnell zur Bude zu huschen.

Annika beruhigt eine Kundin.

Ja, sie verstehe gut, was wir in Deutschland an den Krankenpflegern haben. Ja, selbstverständlich könne sie sich vorstellen, was los wäre, würden die Pflegekräfte auch so radikal streiken wie die Lokführer. Nein, sie wolle dann sicher nicht zufällig im Hospital landen. Weitere Fahrgäste sammeln sich in der Nähe und stellen sich unsortiert in die Schlange, die heute eher einem Haufen ähnelt. Ich rechne aus, wie viele Beschimpfungen bis zum Ende der Frühschicht noch auf uns zukommen, suche nach einem Zettel zum Kalkulieren und blicke wieder auf.

Da steht er.

Der Pendler von gestern.

Das Gewohnheitstier.

Unter dem Arm klemmt die tägliche Zeitung.

»Drei vor?«, fragt er.

»Äh, nee«, antworte ich. »Drei nach. So wie gestern.«

»Morgen auch?«

»Morgen auch.«

Mir fällt auf, dass er keinen Kaffeebecher dabeihat. Hinter ihm vergrößert sich die Traube. Eine Frau schimpft: »Keine Züge und dann auch noch so 'n Wetter!« Ein Mann brüllt: »Hauptsache, der Beamte kriegt seine Bezüge!«

Der Pendler verzieht sich.

Die Traube rückt vor.

Ich bediene die Menschen, wobei bedienen heißt: Ich werfe Antworten in den Hühnerhaufen. Es wird immer wilder und lauter. Annika verteilt frische Vordrucke zum Ersatzverkehr, die der kleine Prinz uns gestern noch hat bringen lassen. Die Menschen rufen mir Orte entgegen, wie früher die Aktienhändler an der Börse sich Summen zuriefen. Ich antworte mit Zeiten, Gleisen oder Bussen und wedele mit den Zetteln, die niemand annimmt. Kaum einer ist so vernünftig wie der Pendler, der die neue Zeit und das neue Gleis nach nur einem Tag tatsächlich akzeptiert hat. Oder? Nein.

Hat er nicht.

Kaum dass ich das denke, erscheint sein Gesicht schon wieder in der mosernden Menge. Es quetscht sich durch die Leiber, wie ein Junge sich beim Spielen aus einem dichten Gebüsch herausdrückt. Die Arme und Schultern der meckernden Menschen sind die Zweige und Blätter. Jetzt erscheinen auch die Arme des Pendlers im Menschengestrüpp. In den Händen hält er ... zwei Becher Kaffee.

Moment mal?

Zwei?

»Hier!«, ächzt er, als er sich bis ganz an die Theke vorgekämpft hat. »Für Sie und Ihre Kollegin! Sieht ja nicht so aus, als wenn Sie momentan von hier wegkommen, oder?«

Ungläubig nehme ich die heißen Becher entgegen.

Der Pendler sagt: »Drei vor. Gleis 18.«

Ich sage: »So ist es. Und danke.«

Der Pendler sagt: »Halten Sie die Ohren steif!«

Dann zieht er den Kopf ein und stürzt sich wieder, die Zeitung wie eine Machete verwendend, ins dichte Gebüsch des Menschendschungels.

Zum ersten Schluck aus dem spendierten Kaffee komme ich zwar erst, als er fast kalt ist, aber trotzdem bleibt es dem großen Rotkäppchen an diesem Streikmorgen warm ums Herz.

Wo die Liebe hinfährt

»Komm, es ist doch gerade kein Kunde da«, sagt Annika. »Versuch es auch mal. Nur ein paar Sekunden. Du wirst schon sehen, wie's wirkt.«

Skeptisch stehe ich neben meiner ausgeglichenen Kollegin, die gerade wieder die Augen schließt. Tief atmet sie ein. Tief atmet sie aus. Beim Einatmen führt sie die Hände ein Stückchen nach oben, die Handflächen aufgerichtet, als hebe sie sanft große Palmblätter an. Beim Ausatmen dreht sie die Handflächen nach unten und schiebt die Palmblätter sachte wieder Richtung Boden. Annika meditiert viel. Annika ist die Ruhe selbst. Bei Annika wirkt es also. Mich beruhigen eher andere Maßnahmen. Rauchen zum Beispiel. Aber gut, probieren kann man es ja mal. Ein letzter Blick in die Halle. Kein Fahrgast im Anmarsch. Ich schließe die Augen.

»Gut«, flüstert Annika, »und jetzt atme tief ein.«

Ich atme tief ein. Es kitzelt, da der Luftzug durch meine Nasenhaare pfeift wie ein Herbststurm durch den Westerwald. Trotzdem kommt genug Sauerstoff durch. Meine Nase ist groß, da bleibt ausreichend Platz trotz des dichten Forsts.

»Und jetzt langsam wieder aus«, raunt sie.

Ich atme aus. Der Wind dreht sich mitten im Forst und

bläst einem Reh zu dessen Überraschung scharf ins Gesicht. Vögel flüchten in die höheren Kronen. Eine Bache treibt ihre Kinder in eine schützende Höhle.

Ich öffne kurz ein Auge, um nachzusehen, ob nicht doch mittlerweile ein Kunde vor der Theke steht. Oder der kleine Prinz.

»Augen zu«, sagt Annika.

Oh, mein weiblicher Guru merkt aber auch alles.

»Jetzt versuch mal, an dem Punkt zwischen Einatmen und Ausatmen eine Sekunde lang gar nichts zu machen. So dass die Luft quasi steht. Spüre in diesen Moment hinein, wo der Atem sozusagen umkehrt.«

Okay, denke ich mir. Eine Sekunde Luft anhalten. Einen Moment Ruhe für die Bache. Annika gibt das Kommando.

Wir atmen ein.

Pause.

Wir atmen aus.

»Und jetzt so weitermachen«, sagt Annika. »Der Sinn der Sache ist, die Gedanken einfach fließen zu lassen. Nichts bewerten. Nicht urteilen. Einfach nur beobachten, was da so kommt und geht.«

Ich atme und beobachte.

Um ehrlich zu sein – entspannen tut mich das nicht. Ich bin eher erstaunt, an was man alles in wenigen Sekunden so denken kann. Mein alter Chef aus dem Schuhgeschäft, in dem ich meine Ausbildung gemacht habe, taucht vor mir auf. Der grauenvolle Lagerraum mit den Bergen aus muffigen Kartons. Rechnungen auf dem Schreibtisch zu Hause. In Sekundenschnelle bin ich wieder im Jetzt und denke an unseren armen Haus-Junkie Mike, der schon in der örtlichen Zeitung war, da er hin und wieder seinen hageren Körper zusammenfaltet und hier im Bahnhof in einem Schließfach schläft. Ich sehe nichts Gutes, je mehr ich entspanne. Sogar der Wald ist verschwunden.

»Annika?«, frage ich, die Augen noch geschlossen.

»Psssst«, zischt sie.

Das muss ein Bild für die Götter sein, wie wir beide da hinter der Theke stehen. Zwei Bahnbedienstete in Uniform, während der Dienstzeit versunken in transzendentaler Meditation. Wenn uns jetzt einer »Beamte!« rufen würde, könnte ich es ihm ausnahmsweise nicht verübeln. Vor meinem geistigen Auge tanzen die Dämonen. Die Baracke meiner Bundeswehrzeit. Meine Güte, wie lange habe ich die nicht mehr innerlich gesehen! Und das war auch gut so! Der lange Lech, dieser Idiot. Obergefreiter, ein Brüllaffe sondergleichen. Ich war beim Barras, da hatten sie in Hollywood *Full Metal Jacket* noch gar nicht gedreht. Trotzdem war es so, als hätte der lange Lech sich den Ausbilder aus diesem Film zum Vorbild genommen. Dazu führt Meditieren also bei mir. Ich erinnere mich an alles, was ich so schön pfleglich verdrängt hatte.

»Annika!«

»Ruhig, Andreas. Ganz ruhig. Nicht werten. Einfach beobachten.«

»Das ist ja das Problem! Da liegt die falsche DVD im Player.«

»Das geht vorüber«, sagt Annika.

Ich atme weiter.

Aus Neugier, ob das stimmt mit dem Vorübergehen.

Der Obergefreite Lech weicht einem Waldwesen. Knorriges Gesicht wie aus Rinde. Einer der wandelnden Bäume aus *Herr der Ringe*. Schon besser.

»Hallo?«

Ich frage mich allerdings, wieso ich ausgerechnet auf die

Baumwesen aus *Herr der Ringe* komme. So ein großer Fan der Filme bin ich nun auch nicht. Der Waldriese öffnet den Mund und schaut gleichzeitig an sich herunter. Wie ein Mensch, dem seine Hauskatze um die Füße streicht.

»Hallo? Sind Sie taub?« Dem Baumriesen streift keine Katze um die Füße, sondern die Bache aus meinem Wald. Gleichzeitig blafft er mich an. »Das darf ja wohl nicht wahr sein! Hallooooooooooo!!!«

Ich öffne die Augen. Der Baum ist eine Frau. Brünettes, schulterlanges Haar, gepflegtes Kostüm, hübsche Grübchen, aber ein etwas zu spitzes Kinn. Sie steht wohl schon länger vorm Tresen.

»Sagen Sie mal, meditieren Sie bei der Arbeit, oder was?«

Annika bricht ihr Ritual ebenfalls ab, räuspert sich und beginnt hektisch, ein paar Blätter Schmierpapier alphabetisch nach der ersten Notiz zu ordnen.

Ich überlege kurz, was ich antworte. Nicht lang.

»Anweisung 23 A«, sage ich. »Was denken Sie, wie bekloppt ich selbst das erst finde.«

»Eine Anweisung?«

»Rückentraining«, antworte ich. »Hat sich unser Arbeitgeber ausgedacht, in Kooperation mit der Bahn BKK, unserer Pflichtkrankenkasse. Sie wissen, 25 Prozent aller Deutschen leiden an chronischen Rückenschmerzen. Das haben Sie schon mal gehört.«

»Öh, ja …«, sagt die Frau.

»Sehen Sie. Und bei einem stehenden Beruf wie dem unseren, da sind es natürlich schon an die fünfzig Prozent. Das kann ja keiner bezahlen, wenn wir alle ständig in die Reha müssen, hat sich die Bahn gedacht, und so wurden wir verpflichtet, jeden Tag mindestens vier Mal Prävention zu machen.«

Skeptisch mustert mich die Frau wie einen unangemeldeten Gasprüfer an der Haustür.

»Ich weiß, wie bescheuert das von außen aussieht. Fragen Sie die Kollegen an anderen Bahnhöfen. 23 A. Das ist das Stichwort. Aber was sollen wir machen? Da gibt es Stichproben seitens des Arbeitgebers und der Kasse. Sie könnten eine Prüferin sein, die nachschaut, ob wir wirklich die Wirbelsäule strecken.«

»Bin ich aber nicht. Ich muss in zwei Stunden in Schmallenberg sein!«

Mein Gehirn rast in Sekundenschnelle durch die Ortsnetze und die Kartografie Deutschlands. Schmallenberg. Sauerland. Direkt am Rothaarkamm. Mittendrin in den Wäldern, in denen Tolkiens Baumwesen wohnen. Menschen bringt die Deutsche Bahn schon seit den Sechzigerjahren nicht mehr dorthin, der Güterverkehr wurde Mitte der Neunziger eingestellt. Ich weiß das, weil ich ein Hobby habe, das mich im Gegensatz zur Meditation wirklich entspannt. Ich setze mich in Züge oder eben in Busse und besuche verlassene, verwahrloste, abgerissene oder ehemalige Bahnhöfe. Hole die gute Nikon raus und mache Fotos. Gute Fotos. Sehr, sehr gute Fotos. Bäume, die aus Beton wachsen. Fußgängerbrücken, die zu Skulpturen aus Moos und Flechte geworden sind. Gleise, die man kaum noch erkennt, da ein Birkenwald sie bedeckt. Von Schmallenberg habe ich auch Bilder auf meiner Festplatte. Der ehemalige Bahndamm von Schmallenberg ist mittlerweile ein Fahrradweg.

»In zwei Stunden müssen Sie in Schmallenberg sein?«

»Ja. Es ist dringend. Sehr dringend.«

»Mit dem Zug?«

»Nein, mit dem Maserati Biturbo. Deswegen stehe ich

ja hier bei Ihnen am Tresen der Autovermietung für die schnellste Fahrzeugkategorie!!!«

Das Kostüm gerät in Erschütterung. Die Grübchen verschwinden. Das spitze Kinn stößt in meine Richtung.

Ich tippe die Verbindung ein. Das beruhigt aufgebrachte Kunden immer. Das Klackern der Tastatur. Hauptsache, es klackert. Wenn's klackert, geht etwas voran. Denken die Leute.

»Da«, sage ich und drehe den Bildschirm. »Minimum zwei Stunden und 47 Minuten. Von hier mit dem ERB nach Hagen. Von Hagen nach Lennestadt-Altenhundem mit der ABELLIO Rail. Ab da nur noch Bus. Haltestelle Kirchplatz wäre wohl das Zentralste. Oder Forsthaus, je nachdem.«

»Ein Bus¿¿¿« Die Stimme der Kundin überschlägt sich.

»Ja«, bestätige ich. »Kann ich nicht ändern. Genauso wenig wie die Anweisung A 23.«

»Ein Bus zum Forsthaus!«, ruft sie spöttisch aus. »Na super! Da kann ich ja gleich zu Fuß gehen!«

Sie tigert ein wenig vor der Theke auf und ab. Annika hat die Schmierzettel fertig sortiert und schlägt auf ihrem Monitor die Gegend um Schmallenberg nach.

Die aufgebrachte Kundin lehnt sich erneut kräftig kopfschüttelnd an den Tresen. Ihre Fingernägel sind frisch lackiert. Die Lippen glänzen von Lipgloss. Sie hat Schmuck angelegt.

»Das geht nicht. Das ist nicht okay, so was. Wie lange dauert es von hier nach Frankfurt¿«

»Öh, knapp neunzig Minuten«, sage ich.

»Ja! Sehen Sie! Und Frankfurt ist ja wohl weiter weg als das Sauerland!«

»Schon, das ist aber nicht der Punkt …«

»Oder Hannover¿ Wie schnell wäre ich in Hannover¿«

»Ungefähr 2 Stunden 36 Minuten«, sage ich.

»Ha!« Sie stößt den lackierten Finger in die Luft. »Zehn Minuten schneller sogar! In Hannover! Das kann doch nicht sein!«

»Auf die Länge kommt's nicht an«, sage ich und merke erst, als der Satz draußen ist, dass ich es günstiger hätte formulieren können.

Sie ignoriert es und schreit: »Zwei Stunden! Sauerland! Machen Sie das möglich!«

Zwei Schulkinder bleiben stehen und schauen neugierig zur Theke. Ein Mann, der gegenüber bei Bücher Grauert eine Zeitung gekauft hat, blickt über den frisch aufgeschlagenen Rand hinweg zu meinem tobenden Fahrgast.

»Ich kann nicht möglich machen, was nicht möglich ist«, sage ich. Mir fällt auf, wie ruhig ich dabei bleibe. Ob die Meditation doch was gebracht hat? Annika beginnt derweil, einige Papiere auszudrucken.

»Wo ein Wille ist, ist auch ein Weg!«, zetert die Kundin.

»Wo keine Schiene ist, ist auch kein Weg«, entgegne ich.

»Ich werde wahnsinnig!«, brüllt meine Kundin und pfeffert doch tatsächlich ihre Handtasche auf den Boden. Wüsste ich's nicht besser, hätte ich den Eindruck, dass ihre Mascara von austretender Tränenflüssigkeit zu verschmieren beginnt. Das ist ungewöhnlich für eine Businessfrau.

Annika schaltet sich ein. Sie reicht der sich auflösenden Kundin ein Taschentuch und fragt: »Kennen Sie die *foot-in-the-door*-Technik?«

Die Kundin betupft ihre Unterlider, hebt ihre Tasche auf, legt sie auf den Tresen und schaut Annika an. »Nein …«

Annika lächelt. So breit und beruhigend, als würden in diesem Augenblick Schienen nach Schmallenberg gebaut. Im Zeitraffer. »Die *foot-in-the-door*-Technik besagt: Lass dir von deinem Gegenüber einen Gefallen tun, und er wird dich mögen. Nicht umgekehrt. Man denkt ja erst mal, die Leute mögen einen, wenn man ihnen eine Bitte erfüllt. Das ist aber nicht so. Lassen Sie *ihn* etwas für Sie tun, und bei ihm speichert sich unterbewusst ab: Für diese Frau bin ich extra nach Lüdenscheid gefahren, also muss ich sie wohl sehr schätzen und mögen.«

»Was?«, frage ich verwirrt dazwischen. »Wieso er? Wieso Lüdenscheid?«

Ich bin verwirrt. Die Kundin scheint Annikas rätselhafte Rede hingegen zu verstehen.

»Woher wissen Sie …?«

»Dass Sie in Schmallenberg ein Date haben und keinen Geschäftstermin?«

Die Kundin nickt.

»Erstens macht in Schmallenberg niemand Geschäfte, bei denen es auf die Minute ankommt. Das Sauerland ist nicht Frankfurt. Zweitens sehe ich doch, wenn eine Frau das Herz hetzt.«

Jetzt bin ich platt. Was Annika gesehen hat, ist mir verborgen geblieben. Womöglich sollte ich tatsächlich die Anweisung A 23 öfter befolgen.

»Sie haben sich übers Netz kennengelernt?«

Die Kundin nickt.

»Und er lädt Sie zu sich ein ins schöne Schmallenberg?«

»Ja. Wir sind zum Brunch verabredet. Ich habe seine Mail heute erst gesehen. Danach wollte er mir den Rothaarsteig zeigen. Das muss ein sehr romantischer Wanderweg sein. Ich bin eigentlich kein Wandermensch, wissen Sie, aber ich dachte, wenn er sich schon die Mühe macht, so einen schönen Tagesplan zu entwerfen …«

»Papperlapapp!«, sagt Annika. »Sie lassen jetzt ihn an ein

Ziel Ihrer Wahl anreisen. Ganz spontan. Wenn er darauf eingeht, sehen Sie schon, dass ihm wirklich was an dem Treffen liegt. Gleichzeitig hat er Ihnen den Gefallen getan, für Sie in den Bus zu steigen statt umgekehrt.«

Ins Gesicht der Kundin kehren die Grübchen zurück. Das spitze Kinn tritt den Rückzug an.

Annika legt die Papiere auf den Tisch, die sie vor zwei Minuten ausgedruckt hat. »Hier. Sie steigen gleich in den ERB 20073 nach Hagen und dort in die Regionalbahn nach Lüdenscheid. Ihr Brunch findet dann im Burghotel Blomberg statt, das ist ein uraltes, romantisches Anwesen auf einem Hügel. Mittelalterliches Städtchen. Fachwerk. Wälder. Wenn er so ein Naturbursche ist, wird er es lieben. Sagen Sie, der Ort hätte eine besondere Bedeutung für Sie. Trinken Sie in Ruhe einen Cappuccino und lassen Sie ihn zu sich kommen. Das wird natürlich dauern, Sie wissen schon, nur Busse. Aber wenn er das macht, haben Sie den Fuß in seiner Tür.«

Die Schulkinder ziehen weiter. Der Mann gegenüber klappt seine Zeitung zusammen und klemmt sie sich unter den Arm. Keine Action mehr. Stattdessen: Lösungen.

»Wer weiß?«, sagt Annika. »Vielleicht bleiben Sie beide direkt in der Burg? Sie ist für romantische Wochenendarrangements bekannt. Hier stehen Adresse und Telefonnummer.«

Die Kundin nimmt die Papiere entgegen und reicht Annika die Hand.

»Wenn das klappt, komme ich mit einem Fernsehteam wieder und lasse eine Reportage über die beste Service-Frau der Deutschen Bahn drehen!«

Annika lächelt.

Mich kitzeln Neid und Bewunderung zugleich an den großen Füßen.

Die Kundin bricht auf, ihr Zug geht in drei Minuten.

»Das meine ich ernst mit der Reportage«, ruft sie im Gehen. »Ich habe da so meine Verbindungen!«

Ein paar Sekunden sehen wir ihr nach.

Aus dem Lautsprecher bellt Kollege Udo aus der Zentrale am Mikrofon eine Meldung in den Bahnhof: »Achtung, an Gleis 15, ICE 105 Richtung Basel über Frankfurt am Main Flughafen, planmäßige Abfahrt war 10:22 Uhr, dieser Zug hat voraussichtlich eine Verspätung von fünfzehn Minuten!«

Wir schauen uns an.

Gut, dass derlei Meldungen für Züge nach Lüdenscheid seltener verkündet werden müssen.

»*Foot-in-the-door*-Technik?«, frage ich.

»Anweisung A 23?«, fragt Annika.

Schön, wenn man so lange zusammenarbeitet und immer noch Überraschungen füreinander parat hält.

Annika schließt die Augen und atmet tief ein.

Ich schaue nach Kundschaft, denke an meine Bache sowie den verlassenen Bahndamm von Schmallenberg und mache noch eine Runde mit.

Nervöse Männer

»Ja, ich glaub, mein Schwein pfeift! Was machen Sie denn da?«

Noch bevor mir klar wird, wer da vorm Tresen steht, reiße ich die Augen auf und antworte instinktiv: »Anweisung A 23!«

»Was für eine Anweisung?«

Oh.

Unpassend.

Vor dem Tresen steht der kleine Prinz.

Annika reibt sich die Schläfen und sortiert die vorhin geordneten Schmierblätter wieder neu um.

»Migräne«, sage ich. »Fürchterliche Migräne. Sie können nicht wollen, dass wir mit pochenden Kopfschmerzen arbeiten. Darunter leidet die Konzentration und die Höflichkeit, und das haben unsere Kunden nicht verdient.«

Der kleine Prinz ist nicht überzeugt. Ich muss dafür sorgen, dass er mir wieder zugetan ist. Zwar ist meine Nase frei wie noch nie, aber was soll's? Ich frage ihn: »Chef? Hätten Sie womöglich ein Taschentuch für mich?«

Der Chef kramt in seiner Hosentasche. Zum Vorschein kommt ein Mehrwegtaschentuch aus Stoff.

»Ist frisch und unbenutzt«, sagt er.

»Öh …«, sage ich.

»Dann nicht«, sagt er und steckt sein Großvatertuch wieder ein.

Ich glaube, diese Runde *foot in the door* ist irgendwie schiefgegangen.

»So«, sagt der kleine Prinz. »Ich habe das prüfen lassen mit den Filzgleitern. Das wird nichts.«

Annika muss sich erst sammeln.

Ich erinnere sie an ihre eigene Idee von heute Morgen.

»Für die lauten Deckel. Von den Mülleimern.«

»Ach ja…«

Der kleine Prinz sagt: »Berlin meint, das müsste alles wenn, dann zentral geregelt werden. Es ginge nicht an, dass wir in NRW die Mülleimerdeckel leiser machen, und im Rest von Deutschland klappert's munter weiter.«

»Das wäre natürlich furchtbar, einfach irgendwo anzufangen«, sage ich.

Der kleine Prinz guckt böse.

Versuche ich Annikas Technik eben noch mal. »Chef?«

»Ja?«

»Haben Sie vielleicht eine Aspirin? Sie wissen, die Kopfschmerzen.«

»Ja. Nein. Ich glaube, ich darf Ihnen gar nicht einfach so etwas im Dienst verabreichen.«

»Aber außer Dienst schon?«

»Wie? Ja. Nein.«

»Welcher Dienst denn? Ihrer oder unserer? Also, wenn ich frei habe und Sie noch arbeiten, dürfen Sie mir keine Medikamente einflößen, oder wenn ich arbeite und Sie schon frei haben?«

»Soweit ich weiß, darf ich Ihnen grundsätzlich keine Medikamente einflößen.«

»Dann liegt es an Berlin?«

»Herr Schorsch, ich...«

»Ferkel!!!«

Ein Assi unterbricht unsere kleine Debatte. Ach so, das darf man heute nicht mehr so sagen. Gut. Ein dem vulgären Zungenschlag zugetaner Mann mit fettigem Haar und zornigem Blick unterbricht unsere kleine Debatte. Mit dem Ferkel meint er mich.

»Ferkel! Sau!«

»Was hat er?«, fragt Annika.

Der kleine Prinz hat sich noch für keine Reaktion entschieden.

Der Assi, sorry, der dem vulgären Zungenschlag zugetane Mann deutet auf meine Kaffeetasse mit dem Aufdruck des 1. FC Köln.

»Verräterschwein!«, schimpft der Vulgäre.

Der kleine Prinz sagt: »Ich predige Ihnen seit Jahren, Sie sollen hier nicht öffentlich vor den Leuten Kaffee trinken. Und schon gar nicht aus einem Becher von Fortuna Köln.«

»Hurensohn!«, schimpft der Vulgäre.

Annika verschränkt ihre Arme und stützt ihr Kinn in die Handfläche. »Interessant finde ich, dass er sich nicht nähert. Er zetert, aber er traut sich nicht ran.«

Das Phänomen kenne ich natürlich bestens. Bei 1,98 Meter Körpergröße benötigen solche Typen immer mindestens zwei Kumpane, ehe sie sich näher an mich heranwagen.

»Hurensohn!«, schimpft der Vulgäre erneut.

»Jetzt gehen ihm schon nach zwei Runden die Vokabeln aus«, sage ich.

»Packen Sie die Tasse weg«, sagt der Chef.

Der Vulgäre denkt einen Augenblick nach, wie er seine Aufführung variieren könnte. Er baut sich breit auf, als stünde er im Düsseldorfer Rheinstadion in der Kurve, hebt

beide Arme und grölt zu einer unsauber gesungenen Melo-
die von Bonnie Tylers »It's A Heartache« in unsere Richtung: »Ihr seid Kölner, asoziale Kölner, ihr schlaft unter Brü-
cken oder in der Baaaahnhoooofsmissiooooon!«

»Nichts gegen die Bahnhofsmission«, rufe ich zurück.

»Becher weg!«, sagt der kleine Prinz.

»Soll ich die Sicherheit anrufen?«, fragt Annika.

Der Vulgäre variiert seinen Gesang. Der Tonfall wird lauter
und kehliger: »Cologne, Cologne, die Scheiße vom Dom!!!«

»Langsam werde ich sauer«, sage ich.

Es ist schließlich so: Ich schätze die Colonia Claudia Ara
Agrippinensium. Ich schätze viele Städte, die nicht Düsseldorf heißen. Im Grunde gibt es kaum Orte in diesem Land,
an denen ich gar nichts Positives finde. Es gibt natürlich
überall negative Aspekte. Nürnberg ist außerhalb seiner
Altstadtmauern ein einziges Verkehrsinferno. Die Fußgängerzone von Frankfurt ist in Wirklichkeit ein Experiment
darin, ausnahmslos jede Ladenkette der Welt in eine Straße
zu pressen. Der Wikipedia-Abschnitt über das Nachtleben
von Hannover soll mangels Relevanz gelöscht worden sein.

Der Vulgäre verlegt sich auf seinen dritten Schlachtruf:
»Hier regiert die Fortuna, hier regiert die Fortuna!«

»Hier regiert die Deutsche Bahn!«, rufe ich.

»Becher weg!«, wiederholt der kleine Prinz und stapft
danach auf den Proleten zu. Sehr entschlossen. Ganz so,
als wolle er schnurstracks durch den Mann hindurchlau-
fen. Als er bei ihm angekommen ist, verstummt das Ge-
gröle. Der kleine Prinz steht vor ihm und betont seine
Worte, die wir bis hierher im Gemurmel und Getümmel
der Bahnhofshalle nicht hören können, kraftvoll mit dem
Finger. Der Fankurvenprimat hört zu und schaut nach wenigen Sätzen aus der Wäsche wie ein getadeltes Schulkind.

Ein paar Momente halbherzige Diskussion und ein trotziges »Ja, aber ...«, dann trollt er sich.

Der kleine Prinz kehrt an den Tresen zurück.

Ich stelle den Becher weg.

»Geht doch«, sagt der Chef, und man weiß nicht, ob er den vertriebenen Fußballmenschen oder meinen weggeräumten Kaffeebecher meint. Eine Weile bleibt er einfach stehen und genießt das Gefühl, ein kompetenter Pädagoge zu sein. Dann klopft er auf die Theke und sagt: »Wissen Sie was, ich rufe da noch mal an in Berlin.«

Dynamisch durchschreitet er sein Revier Richtung Büro.

Ich stelle die Tasse wieder auf den Tresen.

»Andreas ...«, sagt Annika.

»Ja, nun ...«, sage ich.

»Nimm doch mal eine Düsseldorf-Tasse.«

»Keine da.«

»Oder eine von der Deutschen Bahn.«

»Doch eine da«, schmunzele ich. »Aber nur, wenn du uns frischen Kaffee holst. Ich zahle, du gehst.«

Annika hält die Hand auf. Man muss dazusagen: Einen Vorwand, gemütlich durch den Bahnhof zu laufen, nimmt jeder in unserem Beruf gerne an. Spazieren ist besser als Stehen. Ich gebe Annika einen Schein. »Und bring uns noch Kuchen mit.«

Vorfreudig verlässt sie unser Kabuff.

Da sonst weiter nichts ist, drehe ich mich zum Rechner, um endlich mal mit der Frage weiterzukommen, was nun mit Krefeld los ist, da knallt aus heiterem Himmel ein Autoschlüsselbund auf den Tisch.

»Hier! Ich muss weg!«

Ich schaue auf.

Der Schlüsselbund trägt einen Anhänger der Autovermietung SIXT. Neben ihm liegen die Papiere und das Proto-koll. »So? Alles klar?«

»Öhm, nein?«, brumme ich.

»Ich habe keine Zeit«, hechelt der Leihwagenmieter. Ein Mittdreißiger mit Ziegenbart und beginnenden Geheim-ratsecken, die er durch gezielt verwuscheltes Haar zu ver-stecken versucht. Graue Jeans, Sneakers, Stoffjacke mit Reißverschluss über einem schwarzen T-Shirt mit Logo von Nike. Um den Hals trägt er ein Fünfzig-Pfennig-Stück an einer Kette, wie man sie bei der Armee für die Hunde-marke bekommt.

»Das tut mir leid, dass Ihre Zeit knapp ist«, sage ich, »aber wenn man mir schon einen Wagen schenkt, dann bitte keinen bei SIXT registrierten. Ich nehme nur saubere Ware mit neuen Papieren.«

»Was?«

»Ja, wenn schon krumme Dinger, dann seriös.«

»Sie sollen hier eben nur gegenzeichnen, dass alles okay ist. Wagen steht vorne am Parkplatz Haupteingang. Ist alles in Ordnung dran, glauben Sie mir. Hatte keine Zeit, den regulären Parkplatz zu suchen. Nur eben annehmen, bitte.«

Ich schaue den Ziegenbart an. Sortiere mich. Denke an meine Bache.

»Was ist?«

Langsam hebe ich den Zeigefinger und deute auf die Be-schriftung an unserem kleinen Standfirst. »Das ist die Deut-sche Bahn. Nicht die Autovermietung.«

»Ja, weiß ich. Sie machen doch alles. Geben Sie's den Kollegen einfach weiter.«

Die Autovermietung SIXT hat ihren Sitz nicht mal im Bahnhof, sondern knapp dahinter, am Bertha-von-Suttner-Platz.

»Öhm«, sage ich, »das sind keine Kollegen. Das ist eine unabhängige Firma.«

»In Hamm ging das auch!«

»Was?«

»Den Wagen bei der Bahninfo abgeben. Zack, zack. In Hamm ging das!«

Ich frage: »Hamm am Rhein? Bei Worms?«

»Wie? Nein, natürlich nicht! Hamm in Westfalen. Bei… bei… ja, meine Güte, Hamm eben!«

»Und da kann man bei der Bahn Autos abgeben?«

»Ja!«

»An der Information?«

»Ja doch!«

»An so einem Stand mit Theke? Im Foyer? Unter den Anzeigen?«

»Nein. Hinten. Da, im Büro. Wo man auch die Tickets kauft, wenn man keinen Automaten bedienen will.«

»Ahhh«, sage ich. »Im Reisezentrum.«

»Ja, dann eben da. Die haben sogar die Ordner von der Autovermietung im Regal stehen.«

»Sieh mal einer an, die alten Hammer.«

Der Nervöse schaut auf die Uhr. Wasserdicht, Überrollbügel auf dem Glas, Klettverschluss.

»Ich muss weg!«

»Das sagten Sie schon.«

»Soll ich jetzt zum Reisezentrum oder was?«

»Nein. Zur Autovermietung. Hinterausgang, dann schräg über den Platz. Sie könnten schon da sein. Dauert ungefähr nur eineinhalb Debatten lang.«

Fünfzig Pfennig schnauft: »Wofür sitzen Sie eigentlich hier?«

»Für die Deutsche Bahn.«

»Wo ist das Reisezentrum?«

»Da vorne rechts. Zwischen Gleis 7 und Gleis 9. Dauert nur eine halbe Debatte, da hinzulaufen. Hilft aber nichts.«

»In Hamm geht das!«, schimpft er.

»Hamm ist eine großartige Stadt«, sage ich. »Besser als Krefeld. Oder was meinen Sie?«

Er legt den Kopf schief und deutet auf Schlüssel und Mappe. »Ich lass das einfach hier liegen, ich warne Sie!«

»Gerne. Ich verwahre es sicher, und Sie kriegen dann spätestens Post, wenn SIXT Ihnen die Rechnung für die Verlängerung schickt. Ein Buch habe ich auch noch unterm Tresen. Hat jemand vor acht Jahren hier abgegeben, weil er meinte, das wäre alles eines, die Stadtbibliothek und wir. Die Bibliothek ist auch hinten am Suttner-Platz, wissen Sie? Bin mal gespannt, wann die ihm den Gebührenbescheid schicken.«

Annika kehrt zurück mit der Freude des Daseins. Ein Papptablett mit zwei heißen Bechern Kaffee zum Umfüllen in unsere Tassen sowie einer Tüte Donuts.

Die jung gebliebene Geheimratsecke schimpft: »Eines Tages sind auch Sie kein Beamter mehr!«

»Möge der Tag nie kommen…«, sage ich.

»Was ist los?«, fragt Annika und stellt den Süßkram ab.

»Der junge Mann möchte Duschgel umtauschen«, sage ich. »Ganz nobles Zeug von der Parfümerie schräg gegenüber. Das nehmen wir doch an, nicht wahr? Oder kümmern wir uns nur um die Reklamationen von Buch & Presse Grauert?«

Annika guckt fragend.

Der Hektiker klaubt Schlüssel und Mappe wieder von der Theke, spricht einen unverständlichen Fluch und rennt los.

»Hey!«, rufe ich.

Er stoppt.

»Falsche Richtung!«

Er schaut auf und stellt fest, dass er Richtung Hauptausgang gesprintet ist. Sein Widerwille, in die korrekte Himmelsrichtung zu rennen, weil ich sie angesagt habe, kostet ihn trotz seiner knappen Zeit schon wieder wertvolle Sekunden.

Annika fragt nicht lange nach und nimmt die Deckel von den Einwegbechern. Ich ziehe die Schiebetür des kniehohen Schrankes hinter mir auf und stelle wie vereinbart meine Tasse aus Düsseldorf auf den Tisch. Das Logo der Fortuna zeigt sie nicht, sondern unser Stadtmaskottchen, den Radschläger. Man muss es ja nicht übertreiben.

ERSTE PAUSE

Das Schienen von Taubenbeinen

»Und du hast wirklich keine Idee, wo Willi wohnen könnte?«, frage ich Annika, während sie zum Ende der Schicht ihre Siebensachen packt. Das sage ich nicht nur so. Es sind wirklich sieben Sachen. Sieben Sachen, die sie während des Dienstes um sich haben muss und wieder mit nach Hause nimmt, wenn wir Feierabend haben. Ihre Schneekugel. Taschentücher einer ganz bestimmten Sorte mit Eigenduft aus Kamille. Ihr in eine grellorange Schutzhülle eingepacktes Handy. Ihre Tupperdose mit jeweils zwei in Stückchen geteilten Mandarinen und Nektarinen. Ihr Glücksbleistift. Ihr Glücksradiergummi. Ihr Glückskugelschreiber. Mit dem hat sie heute wieder ein paar Ziele auf unserem Block notiert, die Kunden zuvor noch nie angefragt haben: Bad Doberan, Kalkar, Ilmenau.

»Willi wohnt im Bahnhof«, antwortet Annika und lacht.

»Nee, im Ernst jetzt.«

»Ich weiß es doch nicht, Andreas.«

»Kannst du ihn nicht mal verfolgen?«

»Und dann bin ich eine Stalkerin oder was?«

»Er ist aber auch immer so blitzschnell verschwunden.«

Annika nickt zu all meinen Aussagen und zieht schwungvoll den Beutel zu, in dem sie ihr Zeug transportiert. Kein Rucksack, sondern ein bedruckter Stoffbeutel, den man wie einen Rucksack tragen kann. In silberner Schrift steht darauf geschrieben: *If I die today, tell Johnny Depp I loved him.*

»Servus, ihr Knalltüten!«, unterbricht eine junge Stimme unser gemütliches Gepläntel. Es ist Yannick, die Ablöse. Vor einiger Zeit war der Kollege noch ganz grün hinter den Ohren und arbeitete nur gemeinsam mit einem von uns alten Hasen. Mittlerweile kann man ihn alleine hinter die Theke stellen. Also, nicht ganz allein natürlich. Er hat ebenfalls eine Flügelfrau an seiner Seite, die Jutta. Doch ich möchte mal so sagen: Beschimpft ein Kunde die Jutta heute noch als »Beamtin«, ist der Kunde nur in der Form, aber nicht in der Sache im Unrecht.

»Weißt du vielleicht, wo Willi wohnt?«, frage ich Yannick, der nun seinerseits seine paar privaten Dinge unter der Theke und rund um die Tastatur ausbreitet.

»Im Bahnhof«, antwortet Yannick.

Ich seufze.

An den Fahrkartenautomaten erläutert ein junger Mann einer älteren Dame mit Feuereifer, wie die Bedienung funktioniert. Zum Dank erhält er von ihr eine Münze. Yannick bedient derweil bereits den ersten Kunden seiner Schicht. Er hat mustergültig gelernt. Lächelt, schaut dem Fahrgast beim Sprechen regelmäßig in die Augen, bleibt selbst beim Nachschauen der Verbindung nicht wie hypnotisiert mit dem Gesicht am Rechner kleben.

Ich schwinge meine Umhängetasche auf den Rücken und freue mich auf die drei glorreichen Ts des Feierabends. Tiger (meine Katze), Tastatur, Tabak. Nur noch zweihundert Mal einen Fuß vor den anderen setzen, unterbrochen durch eine kurze Fahrt mit der Straßenbahn. Gerade will ich den ersten der zweihundert Schritte machen, da ertönt eine andere Jungmännerstimme hinter mir, die ich gut kenne.

»Andreas!«

Ich drehe mich um.

Es ist Fabian. Mein Nachbar aus dem Stockwerk über mir. Wir kennen uns, denn ich habe gerne Kontakt zu den Menschen. Täglich tanzt der blaue Dunst meiner Zigarette zart und zielstrebig durch das fein ziselierte Geflecht der Anemonen in seinen Balkonkästen. Wie pure Poesie. Fabian ist Nichtraucher und liest gerne im Klappstuhl alte Klassiker, bis er zu husten beginnt. Zur Entschuldigung reiche ich dann frischen Kaffee nach oben. So kommt man sich näher.

Unschuldig und leicht konfus steht er vor mir, während sein blondes Haar in alle Richtungen zu entkommen versucht, als würde es aus den Ecken der Bahnhofsdecke von unsichtbaren Magneten angezogen.

»Ich bin pleite«, sagt er und zieht den weißen Stoff seiner Hosentaschen aus den Jeans, so dass sie wie Schlappohren an der Hüfte herunterhängen. Augenblicklich muss ich an den Achtzigerjahre-Hollywood-Klassiker *Zurück in die Zukunft 2* denken. Dort wurde behauptet, dass heraushängende Hosentaschen in der fernen Zukunft unter coolen jungen Männern zur Mode werden. In der gleichen Zukunft, in der man mit schwebenden Skateboards durch die Gegend düst und Autos fliegen können. Diese ferne Zukunft war damals das Jahr 2015. Ich werde alt.

Fabian zeigt durch den Gleistunnel und sagt: »Ich bin nur einmal quer durch den Bahnhof gelaufen und habe dabei mein ganzes Bargeld verloren.«

»Wie? Wo ist es denn hingekullert?«

Fabian runzelt die Stirn. Halb ärgerlich, halb verwirrt. Ruckartig dreht er sich um und zeigt zu dem jungen Mann, der gerade einer weiteren Dame die Bedienung des Fahrkartenautomaten erklärt.

Und ganz schnell dafür Geld bekommt.

Oh.

Da war ich vor lauter Feierabendvorfreude ausnahmsweise mal schwer von Kapee.

»Mein Geld ist jetzt in den Taschen der Schnorrer!«, klagt Fabian. »Achtzehn Euro Bares hatte ich dabei. Schon auf dem Bertha-von-Suttner-Platz waren fünf davon verbraucht!« Fahrig greift er mit der Hand in seinen unkontrollierbaren Haarschopf.

»Wieso sagst du nicht einfach Nein?«, erkundige ich mich, obwohl ich mir die Frage sparen könnte. Fabian kann niemandem etwas ausschlagen. Hat er Nachhilfeschüler da, die eigentlich bei ihm am Klavier Beethoven oder Mozart lernen sollen, brauchen sie meistens nur zehn Minuten, bis das Instrument verstummt und harte Rockrhythmen aus den Boxen des Fernsehers ertönen. Dann haben ihn die kleinen Racker schon wieder überredet, für das gute Geld der Eltern lieber eine Runde *Guitar Hero* auf der PlayStation zu spielen.

Wehrlos wie ein Reh im Scheinwerferlicht schaut Fabian mich an.

Ich sage: »Jetzt hast du selber kein Geld mehr für die Straßenbahn nach Hause, weil du anderen was gegeben hast, die angeblich Geld für die Straßenbahn nach Hause brauchen, richtig?«

Fabian nickt, die Augen schamvoll auf seinen linken, abgewetzten Turnschuh gerichtet. Dann sieht er auf und sagt: »Die behaupten immer, ihnen fehle *nur noch ein Euro*, um nach Hause zu kommen. *Nur noch ein Euro*. Was soll man denn da machen?«

Ich atme tief durch.

Leider nur Luft.

Ein bisschen Tabak wäre jetzt gut.

Annika nähert sich, um sich zu verabschieden. Yannick überreicht dem Fahrgast seinen Reiseplan mit enthusiastischem Lächeln.

In den Lautsprecherboxen sagt Udo: »An Gleis 16 erhält Einfahrt ICE 2313 nach Stuttgart Hauptbahnhof über Köln, Bonn, Koblenz und Heidelberg. Planmäßige Abfahrt des Zuges war 12:27 Uhr…«

Ich gucke instinktiv auf die Uhr. Kurz vor zwei.

»Fabian«, sage ich. »Beantworte mir eine Frage. *Glaubst* du das auch nur einem Einzigen, wenn er sagt, er brauche von dir einen Euro für eine Zugfahrkarte? Glaubst du, dass auch nur einer von denen im Laufe des Tages diesen Bahnhof als Fahrgast in einem Zug verlässt? Hm?«

Fabian zuckt mit den Schultern.

Ich denke an seine Anemonen und riesige, sonnige Tabakplantagen.

»Fabian?«

»Nein, das glaube ich nicht.«

»Aha.«

»Ich kann trotzdem nicht Nein sagen.«

Mir kommt ein Grillfest in der Nachbarschaft in den Sinn, neulich, Ende Mai. Alfonso hatte eingeladen. Wuchtig stand er hinter dem Rost. Ausladender Bauch, breite Schultern, Schnauzbart wie ein Kehrbesen. Fabian futterte hintereinander weg eine Krakauer, ein Stück Bauchfleisch und sogar bitterbraune Geflügelleber – als Vegetarier! Er wollte Alfonso nicht enttäuschen.

»Der eine guckt einen immer an, als wenn er sagen wollte: Du bist reich, und ich bin arm. Sieh hin, wie arm ich bin. Tut dir ein Euro weh?«

»Welcher eine? Der dünne Blonde? Der so aussieht, als könnte er sich in ein Schließfach falten?«

»Ja.«

»Das ist Mike. Er ist ein Junkie. Der kauft sich keine Dinkelbrötchen von deinem Geld, auch nicht welche aus Roggen. Selbst Sesam auf Weizen wäre ihm zu viel. Keine schlichte Weißmehlsemmel. Nicht mal Pommes. Wenn er gut drauf ist, lässt er dich gehen, solltest du nichts für ihn haben. Wenn er schlecht drauf ist, und du gibst ihm nichts, brüllt er dich an.«

»Ja, ist ja gut ...«, sagt Fabian.

»Gib ihm deinen Crashkurs«, sagt Annika, die mitgehört hat.

»Was für ein Crashkurs?«, fragt Fabian.

Annika hebt die Hand: »Das Schorsch'sche Kurzpraktikum im Neinsagen. Den könnte unser Großer hier patentieren lassen. Habe ich auch schon mitgemacht. Seither klimpert immer genug Kleingeld in meiner Tasche. Zum Eigenbedarf.«

Die Sonne über der Tabakplantage verdunkelt sich. Es ziehen Wolken auf.

»Na komm, Andreas. Die halbe Stunde ...«

»Würde ich meinen Kurs ernst nehmen, müsste ich jetzt aus Prinzip Nein sagen«, argumentiere ich schlüssig.

Annika schaut lieb.

Fabian schaut mit Hundeblick.

»Also gut«, gebe ich mich geschlagen. »Aber erst umziehen. Den Kurs gebe ich als Privatmann, nicht als Bahnangestellter.«

Fabian strahlt.

Annika verabschiedet sich.

Am Fahrkartenautomat streicht der freundliche »Berater« die nächsten frischen Euromünzen ein.

Eine Viertelstunde später kehre ich aus der Umkleide zurück. In Räuberzivil. Dunkle Jeans, schwarzes T-Shirt, Chucks in einer Größe, dass darin, so formuliert Annika es immer, »manche Inuits Kajak fahren könnten«. Annika darf so was sagen. Sie meint gar nichts böse. Immerhin hat sie gleich drei Glückschreibutensilien und eine Schneekugel.

Fabian wartet geduldig an der Infotheke. Yannick erklärt gerade einem Kunden, dass er nicht bloß deshalb einen Sparpreis machen kann, weil samstagsnachmittags so viele unangenehme Fußballfans unterwegs sind.

Ich habe immer noch nicht geraucht. Über der Tabakplantage hat der Nieselregen eingesetzt.

»So«, sage ich und reibe meine Hände. »Dann fangen wir mal an.«

Fabian macht den Rücken gerade, wie beim Appell. Er ist aufgeregt.

Ich sage: »Geh bitte erst mal ein paar Schritte hier von der Theke weg, so dass man dich besser sieht.«

Er gehorcht.

»Und jetzt stell dich auf ein Bein.«

Halb im Weg der herumeilenden Fahrgäste hebt Fabian klaglos ein Bein. Da steht er nun in der Vorhalle wie ein ratloser Flamingo.

»Warum machst du das?«, frage ich.

»Ja, wie?«, fragt er unsicher, immer noch balancierend. Ein Mann mit Aktenkoffer und zusammengerollter *Frankfurter Allgemeinen* weicht ihm kopfschüttelnd aus.

»Wieso gehorchst du, wenn ich sage: Stell dich auf ein Bein?«

»Weil ich dachte, das gehört irgendwie zur Übung. So, keine Ahnung, wie Aufwärmen oder...«

»Fabian!«

Er balanciert immer noch. Nur zaghaft versucht sein Bein, sich wieder zu senken.

»Bein auf den Boden!«, befehle ich.

Zack. Das Bein ist unten.

»Puh…«, sage ich.

»Aber das ist am Samstag unmöglich zu reisen mit diesen grölenden Besoffskis!«, sagt der Fahrgast an der Theke, der einen Sondersparpreis wegen Belästigung an Bundesligaspieltagen möchte.

»Fabian«, sage ich. »Komm her!«

Fabian kommt.

»Was hast du wirklich gedacht, als du gerade dein Bein heben solltest?«

»Dass es zum Training gehört.«

»Okay, vergiss mal den Verstand. Was hast du tief in dir *gefühlt*?«

Fabian windet sich.

»Nun?«

»Na ja…«

Der Fahrgast sagt: »Sie sind doch die Bahn. Sie können bestimmen, wer bei Ihnen mitfährt!«

Fabian setzt zu einer Antwort an, doch ich unterbreche ihn.

»Moment bitte«, sage ich, drehe mich um und tippe dem Fahrgast auf die Schulter.

»Verzeihung«, sage ich, »ich bin auch von dem Verein hier und stand bis vor einer Stunde noch hinter dieser Theke.«

»Ach…«, sagt der Fahrgast.

Yannick lehnt sich zurück.

»Dieser Sonderpreis für den Bundesligasamstag, den Sie da ansprechen.«

»Ja⸮«

»Das ist in der Mache. Liegt gerade beim Vorstand in Berlin. Muss einige rechtliche Hürden nehmen, Sie verstehen⸮« Ich blinzele ihm mit dem linken Auge zu.

»Verstehe …«, sagt der Fahrgast, voller Freude, endlich verstanden zu werden.

»Man weiß auch noch nicht, wie man diesen Rabatt nennen soll, der dann für zivilisierte Fahrgäste wie Sie vom Fahrpreis abgeht, wenn gleichzeitig die Fußballfans reisen. Aber intern, das kann ich unter uns ja mal verraten, intern nennen wir das bei der Bahn bereits die *Abschaumpauschale*.«

Yannick dreht sich zur Seite, damit der Mann ihn nicht kichern sieht.

Der Fahrgast mustert mich. Halb skeptisch, halb erleichtert. Er kann sich vorstellen, dass wir das tatsächlich durchziehen.

»Wird aber frühestens zur nächsten Saison eingeführt«, sage ich. »Sorry.«

Der Mann entscheidet sich dafür, mir zu glauben.

»Gut Ding will Weile haben!«, sagt er, nimmt seine Verbindungspapiere von Yannick entgegen, der sich zusammenreißt, und rauscht ab.

Ich wende mich wieder meinem Schüler zu. »Wo waren wir⸮«

»Wie kannst du so glaubhaft lügen⸮«, fragt Fabian.

»Das kommt von meiner Zeit als Spion beim Bundesnachrichtendienst.«

»Wirklich⸮⸮⸮«

»Nein, ich war Schuhverkäufer in Ausbildung. Bis ich meinen Chef k.o. geschlagen habe, dann war die Ausbildung vorbei.«

Fabian steht lautlos der Mund offen.

»Na, was davon stimmt wohl?«, frage ich.

Fabians rechter Fuß hebt schon wieder vom Boden ab. Ich ziehe eine Handvoll Münzen aus der Tasche und gebe sie ihm.

»Hier. Du brauchst Geld, wenn du lernen willst, keines rauszugeben. Sonst ist es zu einfach.«

Fabian nimmt die Euros an, bleibt aber erst mal ratlos auf der Stelle stehen. Er ist ein begnadeter Virtuose. Ist er allein und verliert sich in der Musik, setze ich mich manchmal sogar auf den Balkon, ohne dabei zu rauchen. Er kann wirklich gut Klavier spielen. Aber ernsthaft lebensfähig ist er nicht.

Ich gehe vor und sage: »Komm!«

Der Erste, den ich anpeile, ist der »Berater« am Fahrkartenautomaten.

»Geh an den Monitor und suche dir eine Verbindung«, befehle ich Fabian. »Nichts kaufen, nur eine Reiseplanung machen.«

Ich halte Abstand. Fabian stellt sich vor den Monitor. Schaut sich fragend zu mir um. Kann sich nicht entscheiden, was er eintippen soll. Braucht er auch nicht. Der »Berater« steht schon neben ihm.

»Kann ich Ihnen helfen?«, fragt er. Er ist zugewanderter Herkunft, dabei sehr solide und gepflegt gekleidet. Randlose Brille. Nahezu akzentfreies Deutsch.

»Öh, ja…«, sagt Fabian. »Ich suche eine Verbindung nach, äh, nach… Gießen.«

Wie kommt er jetzt ausgerechnet auf Gießen?

»Oh, Gießen?«, freut sich der »Berater« und rückt seine Brille gerade. »Da habe ich mal studiert.«

Gute Masche, denke ich mir. Wahrscheinlich hat der

Mann auch in Mannheim, Köln, Hamburg und München seine Studien betrieben.

»Tatsächlich?«, sagt Fabian.

»Ja«, sagt der »Berater« und beginnt, auf dem Monitor zu tippen. »Alle Züge? Ja, oder? Will ja keiner mit den Bummeldingern bis nach Hessen.«

Fabian nickt. Der Mann tippt.

»Zweite Klasse, ja? Ab sofort? So, Augenblick, gucken wir, sehen Sie, ja, hier, da! 14:21 Uhr Gleis 16 mit Umsteigen in Frankfurt. Ich drucke es Ihnen aus, ja?«

Fabian nickt.

Langsam bekomme ich den Eindruck, Fabian glaubt mittlerweile selber daran, dass er nach Gießen fahren möchte. Als alles fertig ist, muss der »Berater« nicht einmal ums Geld bitten. Die Münze wandert ganz von selbst in seine Hand. Er bedankt sich. Fabian kehrt wie ein begossener Pudel zu mir zurück, seine Reiseverbindung in der Hand.

Ich schweige.

Er sagt: »Auch, wenn ich gar nicht nach Gießen will … er hat mir doch so nett geholfen!«

Ich reibe meine Schläfe.

»Ja, hat er doch wirklich …«

»Fabian?«

»Ja?«

»Welchen Beruf habe ich?«

Er senkt den Blick.

»Wer druckt hier gratis Reisepläne aus, wenn der Fahrgast eine Allergie gegen Automaten hat?«

Fabian sagt: »Den Euro gebe ich dir heute Abend wieder …«

Ich sage: »Weiter im Text.«

Die nächste Trainingsstation müssen wir gar nicht lange suchen. Eine dünne Frau mit schwarzen Locken, krummer Nase, abgefressenen Fingernägeln und viel zu großen Pupillen taucht vor uns auf. Zielstrebig spricht sie Fabian an. Nicht mich. Nicht Männer wie den Aktenkofferzeitungsleser mit der *Frankfurter Allgemeinen*. Nicht Fußballfans. Nicht verbissene und gestresste Mütter mit Kind. Nein. Die Lockige wählt Fabian, denn alles an ihm signalisiert: »Nimm mich aus!«

»Hallo? Sorry, du?«

Fabian bleibt stehen.

»Du, ich hab folgendes Problem, du. Mir fehlt nur noch ein Euro für ein S-Bahn-Ticket, weißt du?«

Wie zum Beweis öffnet sie ihre Hand, in der ein paar Münzen klimpern, die für die »Reise« nicht ganz reichen.

Fabian schluckt.

Ich flüstere: »Glaubst du ihr…?«

Die Lockige funkelt mich böse an.

Fabian sagt: »Wo willst du denn hin?«

»Nach Reisholz.«

Das kam wie aus der Pistole geschossen.

Fabian wird unsicher. »Ja…«

»Guck«, sagt die Lockige, »du kannst dir das Bahnfahren leisten. Dann kannst du mir doch helfen.«

Fabian gibt ihr den Euro.

Triumphierend schaut sie mich an und wendet sich an die nächsten Opfer aus dem Menschenstrom.

»Wieso?«, frage ich.

»Ja, weil… Reisholz… es kann doch sein… und…«

»Golzheim«, sage ich.

»Was?«

»Unterkassel, Oberkassel, Garath, Urdenbach.«

»Äh ...«

»Stadtviertel auswendig lernen kann jeder. Ich brauche übrigens zwei Euro von dem Geld mal eben zurück für ein Zahnpflegekaugummi. Mein Mundgeruch bringt mich um.«

Fabian gibt mir zwei Euro.

»Fabian!«, schimpfe ich.

»Oh ...«, sagt er.

»Okay«, sage ich. »Ich sehe schon. Das ist ein grundsätzliches Problem.«

Fabian senkt den Blick.

Ich frage ihn: »Wo hast du deinen Lebensberechtigungsschein?«

»Meinen was?«

»Lebensberechtigungsschein. Ich vermute mal stark, gefühlt hast du gar keinen, oder? Oder wenn, dann nur einen, der viel kleiner ist als der aller anderen.«

»Andreas ...«

»Wenn ein Mensch eine Frage gestellt bekommt oder man eine Bitte an ihn richtet, hat er beim Antworten immer die Wahl zwischen Ja und Nein. Alles andere wäre ja auch Schwachsinn. Du erlaubst dir allerdings kein Nein. Zack! Eine von zwei Entscheidungsmöglichkeiten ist weg. Bedeutet: hundert Prozent Unfreiheit. Das macht man nur, wenn man gefühlt keine Lebensberechtigung hat. Oder bloß eine viel, viel schwächere als jeder, der einen anspricht.«

Fabian braucht eine Sekunde, um das zu verdauen. Angestrengt starrt er an mir vorbei in die Auslage des örtlichen Fischimbisses.

»Aber die sind doch alle bedürftig, Andreas!«

»Ja? Sind sie das? Kanntest du die Lockige von eben? Weißt du, wie viel Geld sie gerade zur Verfügung hat?«

»Nein, aber ...«

»Wie viel hast du gerade auf dem Konto, Fabian?«

Seine Augen wandern wieder zu Lachsbrötchen, Bremern und Backfisch.

»Komm, sag es, das gehört zur Übung.«

»726 Euro.«

»Legal erworben und versteuert, vermute ich. Ich wette mit dir, die Lockige hat mehr. Nicht auf einem Konto natürlich. Und ohne dass der Staat was davon abbekommt, damit er Bedürftige ganz regulär unterstützen kann. Wo kämen wir denn da hin?«

Fabian verzieht das Gesicht. Die Wahrheit ist schwer zu verdauen für junge Leute aus gutem Hause. Deswegen nennen sie sie gern Sarkasmus.

»Wie viel zahlen dir die Eltern deiner Klavierkinder pro Stunde für den Unterricht?«

»25 Euro.«

Ich nicke und kratze mich am Kinn, als müsse ich kalkulieren. Dabei suchen meine Augen unsere Profischnorrerin in der Menge.

»Die Lockige schafft mindestens vierzig. Zwei bis drei Leute fragt sie in der Minute. Macht 120 bis 180 Fahrgäste in der Stunde. Springt auch nur die Hälfte von ihnen darauf an, hat sie schon sechzig bis neunzig Euro gemacht. Vierzig schafft sie in jedem Fall.«

Fabians Lippen werden schmal, während die Ohren sich leicht anheben und vergrößern. Die Wahrheit beginnt, sich in ihm auszubreiten. Es ist hart, aber da muss er nun durch.

»Wieso denkst du, du hättest den Schnorrern gegenüber eine Verpflichtung?«, frage ich. »Wieso ist ein Nein für dich keine Option?«

»Es sind doch keine schlechten Menschen, Andreas!«

»Das weißt du nicht«, sage ich. »Du kennst sie genauso

wenig wie alle anderen Menschen, die dich *nicht* nach Geld fragen. Die Lockige könnte eine lokale Nazibraut sein. Oder ihr Kind schlagen.«

»Sie könnte sich aber auch hingebungsvoll um ihre kranke Mutter kümmern.«

»Natürlich. Könnte sie. Sie könnte auch verletzte Tauben aus dem Volksgarten retten, weil sie eine einzigartige Methode zum Schienen gebrochener Taubenbeine erfunden hat. Sie könnte die einzige Taubenbeinorthopädin Europas sein. Sie könnte in Norwegen Robben retten und sich vor die Todesschaufeln der Jäger werfen. Das ist alles möglich. Das gebe ich zu. Es wäre möglich, dass die lockige Frau, die dich mittags auf dem Bahnhof um eine Münze bittet, gerade auf dem Sprung zur Robbenrettung ist. Sie springt in ihr pfeilschnelles, abgasfreies, selbst gebautes Solarmobil und düst zum Nordkap, während sie auf dem Weg dorthin mit Karatetritten noch ein paar Neonazi-Nester aushebt. Auf der Durchreise durch Schweden eröffnet sie Jugendzentren in den kriminellen Vorstädten von Malmö und Stockholm. Jugendzentren mit Tischtennisplatten aus nachwachsendem Ökoholz. Das könnte alles sein. Oder sie kauft Nordhäuser Doppelkorn und vernachlässigt ihr Kind.«

Fabian schaut mich an, als hätte er zumindest die Gewissheit, *mich* in Zukunft nicht mehr mit Münzen fördern zu wollen.

»Wir können es nicht wissen, Andreas!«

»Genau«, sage ich. »Deswegen lautet die erste Technik: *Wir fragen*. Pass auf.«

Ich mache ein paar Schritte, weil konzentriert Herumstehende selten angeschnorrt werden. Zusätzlich nehme ich die Körperhaltung ein, die dazu führt, dass Leute sich überhaupt trauen, mich um Geld zu fragen. Rücken krummer, leichter Buckel, laxe Haltung. Es dauert bloß zwanzig Sekunden, bis der Erste anbeißt.

»Sorry, hätten Sie vielleicht ein bisschen Kleingeld?«

»Wofür?«

»Für, äh … na für ein bisschen Essen und so.«

»Sie haben nichts mehr im Haus?«

»Was? Nein. Nix …«

»Aha. Sie haben also ein Haus.«

»Kein Haus, Mann!«

»Also eine Wohnung? Eine Bude? WG?«

»Ich wohn da bei einem Kumpel, auf dem Sofa. Was hast du für ein Problem?«

»Und der Kumpel hat nichts mehr da? Kein bisschen Brot? Keine Tüte Milch?«

»Ach, vergiss es, Alter!« Verärgert zieht der Sofabewohner von dannen.

Ich schaue Fabian an, der hinter mir steht wie ein Junge in alten Filmen, der irgendwann hinterm Hosenbein des Vaters hervorlugt. Mache ein paar Schritte vorwärts. Schaue offen und freundlich. Der Nächste.

»Verzeihung, ich hätte da eine kleine Bitte.«

Oh, der ist schon viel schwieriger. Kein latent Verlotterter in diesem undefinierbaren Alter der bis in die Dreißiger verlängerten Pubertät, sondern ein gepflegt gekleideter Mann Mitte vierzig.

»Ja?«

»Es ist mir wirklich unangenehm, und ich würde so etwas sonst nie tun, aber mir fehlen tatsächlich nur noch zwei Euro für ein Ticket.«

Er windet sich, es scheint ihm ernsthaft peinlich zu sein. Ohne Übung und Erfahrung hat man hier keine Chance.

»Wo soll's denn hingehen?«, frage ich.

»Nach Koblenz. Zu meiner Tochter. Wir haben uns länger nicht gesehen, wissen Sie?«

»Aha. Es ist also nicht spontan?«

»Wie, nicht spontan?«

»Na, wenn Sie sich länger nicht gesehen haben, werfen Sie sich doch nicht plötzlich in einen Zug. Da verabredet man sich und plant die Reise.«

»Ja, schon. Aber das Ticket wollte ich trotzdem erst hier im Bahnhof kaufen. Ich hab's nicht so mit dem Internet, wissen Sie?«

Fabian zieht mir am T-Shirt.

Ich entschuldige mich beim Tochtervater. »Augenblick eben.«

Fix drehe ich mich um, halte mein Ohr an Fabians flüsternde Lippen und höre leise: »Ich glaube ihm. Und jetzt?«

Ich flüstere zurück: »Jetzt kommt Technik 2. *Wir bieten Lösungen an.*«

Zufrieden, dass es vorangeht, wende ich mich wieder dem Mann zu.

»Wissen Sie was, Sie haben echt Glück. Ich habe zwar Feierabend, aber ich arbeite bei der Bahn. Ich stecke jetzt einfach meine Bedienstetensonderkarte in einen Automaten und spendiere Ihnen die Fahrt nach Koblenz. Na? Ist das Ihr Glückstag?«

Selbstverständlich gibt es keine Bedienstetensonderkarte, und ich würde auch niemandem etwas spendieren, jedenfalls nicht als Mitarbeiter der Bahn. Macht aber nichts. Der Mann glaubt mir. So, wie immer alle glauben, dass die Mitarbeiter großer Buchhandlungen, Elektrohäuser oder Baumärkte unglaublichen Rabatt hätten und dass die Fachverkäuferinnen beim Bäcker ihr Frühstück nicht selber bezahlen müssten. Klar.

»Also«, sagt mein Gegenüber wie erwartet, »das ist ein Wahnsinnsangebot, aber diese Umstände brauchen Sie sich nicht zu machen. Wie gesagt, mir fehlen nur noch zwei Euro.«

»Es sind keine Umstände. Es ist nur ein Mitarbeitercode. Ein paar Tasten drücken, und Sie sehen Ihre Tochter wieder.«

»Nein, nein, das kann ich nicht annehmen. Wenn Sie vielleicht wenigstens einen Euro hätten?«

Ich sage nichts mehr und schaue den Mann an wie ein Ermittler einen längst Überführten. Wortlos wendet er sich ab und manövriert weiter durch die Wuselnden. Fabian schaut ihm hinterher. Einige seiner Haare senken sich, als würden die Magnete im Bahnhofsdach endlich nachlassen.

»Das Anbieten von Lösungen ist ein ganz alter Klassiker«, sage ich. »Klappt auch gut, wenn man angeblich Hungrige auf eine große Currywurst mit Pommes einlädt. Hat sogar schon bei einem Trinker geklappt, dem ich, nett wie ich bin, statt des Bargelds direkt das Sixpack Bier kaufen gehen wollte.«

Im Augenwinkel ackert sich Hausjunkie Mike wieder auf uns zu.

Mike ist zu schwierig für Fabian, gerade wegen seiner beiläufigen, tausendfach erprobten Routine. Viele andere geben sich bedeutend mehr Mühe, aber kaum jemand geht so selbstverständlich wie Mike davon aus, dass seine Masche klappt. Diese Haltung zieht das Ergebnis an. Es ist ein seltsamer Sog, dem sich kaum einer zu entziehen vermag. Eine Mischung aus Mitleid, Furcht und Fluchtinstinkt. Geben wir dem Kaputten ein wenig Klimpergeld, dann lässt er uns in Ruhe. Und mit Klimpergeld ist Mike auch stets zufrieden. Die Masse macht's.

»Gutentag«, beginnt Mike seinen Autopiloten. Die Schallplatte, die seit Jahren exakt gleich abläuft. Keine Betonung.
Keine Modulation. Dafür unerbittliches Weiterquasseln,
ohne Punkt und Komma.

»Mike«, versuche ich ihn zu stoppen, »jetzt nicht. Wir
haben hier zu tun.« Doch Mike lässt sich nicht aufhalten.
Die Platte leiert: »Könnensiemirhelfenmeinemutterliegtinkölnimkrankenhausundwirdbaldsterben …«

Mike schaut Fabian nicht einmal an dabei. Abwesend
blickt er auf seine Füße. »Ichhabenichtgenuggeldfürdiefahr-
kartediekostetzwölfmarkundichhabenurneun.«

Es hört sich an wie ein einziges Wort. Und wie so viele
hat Mike immer noch nicht auf Euro umgestellt.

Fabian sagt: »Das ist ja schrecklich!«

Er meint nicht Mikes Masche. Er glaubt ihm das mit der
sterbenden Mutter!

»Danke«, nuschelt Mike, kaum dass er Fabians Münzen
hat, und schlurft weiter. »Könnensiemirhelfenmeinemutter-
liegtinkölnimkrankenhaus …«

Fabian sieht mich an und klagt: »Ich weiß, dass seine
Mutter nicht im Krankenhaus liegt! Aber trotzdem, gerade
eben fühlte es sich so an …«

Eigentlich ist so was unbegreiflich.

Trotzdem sage ich: »Ist okay. Ist die Mike-Hypnose. Das
musst du noch nicht können.«

Ich schaue mich um. Ein junger Punk mit grünem Iroke-
senschnitt schlendert auf uns zu. Borsti. Pfiffiges Kerlchen.
Kenne ich ebenfalls vom Sehen. Und er mich.

»So, den aber jetzt richtig«, flüstere ich und drehe mich
schnell Richtung Fischtheke, damit der Punk mich nicht
sofort als den erkennt, der sonst in Uniform an der Theke
steht. Wie zu erwarten, spricht er Fabian an.

»Hasse 'n bisschen Kleingeld übrig für mich?«

Fabian schluckt. »Also … ja … nein … wofür denn?«

»Für Drogen und Nutten!«, antwortet Borsti und lacht laut. Das war nicht übel.

»Öh …«

»War 'n Witz, Mann! Komm, gib mir einfach fünfzig Cent. Sozusagen als Gage für den Gag. Du hast gelacht, das habe ich doch gesehen!«

Fabian gerät ins Schwanken. Ein paar seiner Haare nesteln sich wieder nach oben wie elektrisierte Würmchen. Dieses Mal will er wirklich standhaft bleiben.

Borsti sagt: »Komm, dir geht's doch gut, Mann. Oder nicht? Hab ich recht? Was machst du so?«

Uh, die Königsklasse. Borsti stellt Gegenfragen.

Fabian stottert: »Klavier …«

»Klavier! Ha! So 'n echtes? Kein Keyboard aus 'm Spielwarenladen?«

Fabian schwant, dass er fortan lieber schweigen sollte.

»Meine Güte, ein Klavier. Davon könnte ich nicht mal träumen …«

Borsti ist gut. Auf der Klaviatur der Rhetorik ist er der Meister. Gerade drückt er die Umverteilungstaste. Das klappt immer. Das haben wir alle über Jahrzehnte im öffentlich-rechtlichen Volksempfänger bei *Derrick* und im *Tatort* beigebracht bekommen: Wer mehr hat als andere, ist grundsätzlich schuldig.

»Bist du schon mal hier auf dem Klo gewesen?«, fragt Borsti. »Hier im Bahnhof?«

Fabian nickt ansatzweise. Sein Kopf bewegt sich wie gegen seinen Willen.

»Das kostet einen Euro, Mann! Du hast also einen Euro, um zu pissen, und keine fünfzig Cent für mich?«

Fabians Hand wandert in die Klimpergeldtasche.

Ich drehe mich um. Borsti erkennt mich nicht. Ist wohl doch schon ein wenig angeschickert.

»Sorry, Fabian«, sage ich und schaue dabei Borsti an, »aber ich muss das jetzt verraten.«

Beide sehen mich fragend an.

Ich sage, an Borsti gerichtet: »Mein kleiner Cousin hier ist vollkommen pleite. Er hat Spielschulden bei den Russen, der Idiot!« Ich gebe Fabian eine Kopfnuss. »Zurzeit putzt er Klaviere für reiche Bonzen. Das reicht natürlich alles nicht. Er braucht jeden Cent. Da hat er wirklich keine Möglichkeit, auch nur auf einen davon zu verzichten. Oder, Idiot?«

Ich nehme Fabian in den Schwitzkasten. Grob und kümmernd zugleich, wie große Cousins mit Halbwelterfahrung das eben so tun.

Borsti sagt: »Irgendwoher kenne ich dich.«

Ich sage: »Hättest du vielleicht einen Euro für meinen Cousin? Oder willst du mit dafür verantwortlich sein, dass die Russen ihn erstechen?«

Borstis Augen funkeln. Er kommt nicht drauf. Ohne Uniform bin ich ein anderer Mensch. Aber das mit den Russen, das hält er für denkbar. Düsseldorf ist tatsächlich eine Hauptgeschäftsader der besagten Mafia. Einer wie Borsti müsste das in seinem Alltag auf der Straße am Rande durchaus mitbekommen. So lautstark wie eklig zieht er die Nase hoch und sucht sich ein neues Anschnorropfer.

»Technik Nummer drei«, erkläre ich. »Man erfindet über sich selbst eine Geschichte. Hilft besonders gut, den Wettbewerb *Wer ist hier die ärmere Sau?* zu gewinnen. Darf man aber nicht zu oft machen, sonst fängt man noch selbst an zu glauben, dass man Schulden hätte und bald pleite sei. Da rät er von ab, der Psychologe.«

Ein zartes, kaum bemerkbares, aber unzweideutiges Grinsen schleicht sich in Fabians Gesicht. Es ist noch gar nicht wirklich darin angekommen. Eher schwebt es direkt vor ihm in der Luft. Bereit, seinen Wirt einzunehmen, aber schon nah genug, dass die Mundwinkel sich verformen.

Ja.

Ich habe es geschafft.

Das erste Mal in seinem Leben spürt Fabian die süße Befriedigung des Nein-Sagens.

»Und jetzt allein?«, frage ich.

Er nickt, den Blick bereits in der Menge wie ein Wolf auf seiner allerersten Jagd.

»Gut«, sage ich. »Ich bin da drüben. Mach mal.«

Gemütlich setze ich mich in die nach einem bedeutsamen Ableger des Atlantiks benannte Fischgastronomie und bestelle mir einen Kaffee.

Fabian spaziert durch die Meute und lässt sich ansprechen.

Redet.

Diskutiert.

Hakt nach.

Ein paar Mal wandert seine Hand zur Hosentasche, doch keine Münze wechselt den Besitzer. Als ich den Kaffee ausgetrunken habe und aus dem Imbiss trete, ist Fabians Brust vor Stolz geschwollen.

»Scheiße«, sagt er mit rosigen Wangen, »das macht sogar Spaß.«

Ich grinse. So läuft das bei besonders lieben und treuseligen Menschen immer. Ein ganzes Leben lang lassen sie sich ausnutzen, aber wenn sie das erste Mal spüren, wie es anders gehen kann, überfällt sie auf der Stelle die pure Euphorie. Ohne Übergang. Man kann es sich kaum vorstellen, aber die gute Annika hat bei ihrem Training erst nach zwei Stunden aufgehört. Sie lief sogar in die Innenstadt, weil sie am Bahnhof niemanden mehr fand, dessen Schnorrerei sie ablehnen konnte.

»Jetzt gehöre ich zu den Bösen«, sagt Fabian, nicht ohne Genugtuung.

»Ja, abgrundtief böse«, lache ich. »Knapp hinter Pol Pot.«

Die Lockige erreicht wieder unsere Höhe. Sie bemerkt uns nicht und spricht andere Fahrgäste an. Euro hier. Euro da. Fabian presst die Lippen zusammen, schmunzelt dunkel und geht zu ihr.

»Na? Immer noch nicht in Reisholz?«, sagt er.

Sie legt den Kopf zurück, als durchbreche er ihre Intimsphäre. Augenscheinlich erinnert sie sich nicht mal mehr an ihn.

»Wie viel fehlt denn noch zur Fahrt?«

»Lass mich in Ruhe!«

»Wenn's nur um die Fahrt geht: Ich hätte da noch ein angebrochenes Tagesticket übrig.«

»Hau ab!«

»Nein, wirklich. Ist noch gut, das Ding. Gilt auch für Reisholz.«

Ich lache.

Die Lockige fragt: »Ist das deiner?«

Fabian sagt: »Eine Frage hätte ich noch. Wie schient man Taubenbeine?«

Jetzt nimmt sie endgültig Reißaus.

Und Fabian hat die absolute Königsklasse erreicht. Wenn die aggressiven Schnorrer einen für einen gefährlichen Irren halten, ist man unverwundbar geworden.

Fabian hüpft auf und ab, wippt auf den Fersen.

Ja, ja, die Euphorie des ersten Mals.

»Wir sollten etwas essen«, sage ich. »Genug für heute.«

Fabian sagt: »Du leihst mir was, aber ich zahle. Bald habe ich wieder Geld. Bleibt ja jetzt immer am Mann!« Er klopft auf seine Taschen. Das weiße Innenfutter hat er längst wieder verstaut.

»Sehr gern«, sage ich und freue mich auf den Imbiss, während über der Tabakplantage ganz zaghaft die Wolkendecke aufreißt.

SPÄTSCHICHT

Nur Bekloppte

»Guck mal«, sagt Annika und zeigt auf ihren Monitor. »Wenn ich in die Suchmaske eingebe, dass der Kunde von *Hier* nach *Da* möchte, was das System mir da anbietet.«

Annika schmunzelt.

Ich gucke.

Will jemand einfach nur von *Hier* nach *Da*, fährt er auf jeden Fall schon mal nach Darmstadt. Da kennt die Software keine Alternative. Der Start ist allerdings spannend. Gibt man die vier Buchstaben H, I, E und R ein, hat man die Wahl, von wo aus man den Ausflug ins schöne Darmstadt antreten möchte. Zur Auswahl stehen die Ortsmitte Hierscheid in Eppelsborn, das Städtchen Hiery im tiefsten Saarland oder, sogar als erster Treffer, die Hieronymusgasse in Konstanz.

»Das klingt geheimnisvoll, oder?«, fragt Annika. »Hieronymusgasse? Da sieht man so richtig einen alten Detektiv im Mantel, wie er über das regennasse Kopfsteinpflaster schleicht.«

Ich glaube, es wird langsam Zeit für den Feierabend. Die Frühschicht neigt sich dem Ende zu, und Annika spielt mit dem System herum. Es macht aber auch Spaß. Was ich da schon alles eingegeben habe. Von *Pontius* nach *Pilatus* zum Beispiel oder von *Gestern* nach *Heute*. Nicht immer sind die Ergebnisse befriedigend. Den Gang nach *Canossa* habe ich auch mal probiert. Da bietet er Canosa di Puglia an, ein 30 000-Einwohner-Städtchen in der italienischen Region Apulien. Sieben Mal umsteigen und knapp 26 Stunden Reisezeit. Hat noch niemals jemand gebucht, kommt aber nicht auf unsere Liste der Ziele, die keiner anpeilt, da diese sich nur auf deutsche Orte bezieht. Anderenfalls wäre sie wirklich zu lang. Man kann sogar Los Angeles eingeben. Ja, gut, nur das in Spanien. Sechs Mal umsteigen, knapp 28 Stunden. Häufiger als sechs, sieben Mal steigt man übrigens niemals um, egal wie weit man fährt. Jedenfalls ist uns dieser Fall beim Eingeben hanebüchener Reiserouten noch nie untergekommen.

Eine seltsame Welle von Zufriedenheit breitet sich in mir aus. Nicht, weil gleich Feierabend ist und ich daheim meine Katze Buffy begrüßen kann, die schon an der Wohnungstür stehen wird, wenn ich unten den Schlüssel ins Schloss stecke. Das natürlich auch. Aber diese Glückswelle, die kommt tatsächlich von meinem Beruf. Ich schaue dann auf durch den Bahnhof, rechts und links, Vorhalle und Tunnel, und beobachte die Schwärme der Menschen so zufrieden, wie andere ihre Fische im Teich betrachten. Oder malerischen Vogelzug am Himmel. Und dann: Glück. Klingt komisch, ist aber so. Womöglich bin ich doch ein Menschenfreund?

»Ihr habt nur Bekloppte hier, Andreas, nur Bekloppte!«

Die Stimme ertönt auf der Höhe meines Bauchnabels, also knapp unterhalb der Theke. Es ist Willi. Schwungvoll wuchtet er einen Stapel Papiere auf die Ablage, schaut dabei aber in den Gleistunnel, dessen menschliches Gewusel mich eben noch mit so viel Zufriedenheit geflutet hat.

»Nur Bekloppte!«

Willi geht wie viele Menschen davon aus, etwas würde allein dadurch wahrer, dass man es häufig wiederholt.

Ich folge seinem Blick und sage: »Ich sehe nur nette Menschen und freundliche Kunden.«

»Pah!«, sagt Willi. »Guck richtig!« Er streckt seinen Zeigefinger aus und markiert einige Leute in der Menge. »Da, der führt zum Beispiel Selbstgespräche. Aber nicht auf diese putzige Art…«

Willis Zeigefinger markiert einen bärtigen Mittfünfziger in taubengrauer Rentnerjacke. In der Tat diskutiert der Mann eifrig mit sich selbst oder einem imaginären Freund. Mal wechseln sie nur Argumente, mal brandet der Streit heftig auf. Dann kann es passieren, dass der Mann den Blick hebt und einen Vorbeilaufenden fragt, ob er nicht recht habe. Ich kann den genauen Wortlaut bis hierher nicht hören, aber es sieht eindeutig danach aus.

»Oder da, Meister Stechschritt« – Willis Zeigefinger wandert zu einem blonden Langzeitstudenten in signalrotem Pulli und weißer Jeans, der so große Schritte macht, dass zwischen seinen Füßen jeweils der halbe Kaiserteich Platz fände. Während er sich seinen Weg durch die Menge bahnt, schwingen die Arme wie Windmühlenflügel mit. Sein Oberkörper ist dabei nach vorn gebeugt, als ginge ihm selbst seine eigene Raserei noch zu langsam und als sei so wenigstens sein Kopf schon eine Sekunde eher am Ausgang.

Ich hebe die Brauen.

»Sag ich doch«, bekräftigt Willi, »nur Bekloppte hier!«

Gütlich lege ich meine Hand auf die Papiere, die er mitgebracht hat. »Jede Jeck is anders«, sage ich in feinstem Kölsch. Annika zischt: »Andreas…« Drei Menschen aus der

Menge drehen die Köpfe. Zufrieden rücke ich meine Geißbocktasse gerade.

»Wo bist du gewesen?«, frage ich Willi in der Hoffnung,
dass er sich nach all der Zeit endlich mal verplappert und
verrät, wo er wohnt.

»Hinten«, antwortet er.

»Hinten?«

»Ja, in der Stadtbibliothek. Hab recherchiert.«

Behutsam schiebt er meine große Hand von den Papieren
und schlägt sie auf. Ich sehe eine alte, verwaschen kopierte
Burg, ein historisches Rathaus und ein überaus gruseliges
Stadtwappen mit einem Kirchenmann, der seinen eigenen
Kopf in den Händen hält.

»Schauerlich, was?«, sagt Willi.

»Wer ist das?«, frage ich.

»Das ist der heilige Dionysius von Paris«, sagt Willi.

»Wieso ist sein Kopf abgeschlagen?«

»Weil er den Märtyrertod gestorben ist. Die Römer haben
ihn enthaupten lassen. Auf dem Richtplatz hat er danach
seinen eigenen Kopf vom Boden aufgehoben und in aller
Ruhe an den Ort getragen, wo er bestattet werden wollte.«

»Tougher Typ«, sage ich. »Und was macht er auf dem
Stadtwappen von …?«

»Von Krefeld natürlich!«, ruft Willi empört, als sei es
unbegreiflich, dass ich meine Kernaufgaben vergesse.

»Natürlich«, sage ich.

»Die St.-Dionysius-Kapelle von 1166 war die älteste Kirche der Stadt. Der toughe Typ ist sozusagen ihr Patron.
Man könnte sagen, die Krefelder sind ziemlich kopflos.«

Ich lege den Kopf schief. Zum einen, weil das Wortspiel
unter Willis Würde war, und zum anderen, weil mir Kirchen-
geschichte herzlich egal ist. Ich meine, klar, die Gebäude sind

großartig, das bestreite ich als zweitgrößter Fan des Kölner Doms keine Sekunde. Aber der ursprüngliche Zweck, für den sie erbaut wurden, erreicht mich nicht. Mag sein, dass es einen großen Programmierer für unsere Welt gegeben hat, aber die Leute, die sein Betriebssystem verwalten, haben noch weniger Ahnung als die Hotline von Microsoft.

Ein Kunde fragt Annika, ob er kurz bei ihr sein Handy aufladen könnte, während er auf den ICE wartet.

Willi sagt: »Trotzdem finde ich nicht heraus, was an Krefeld dermaßen schlimm sein soll, dass man dort in keinem Fall wohnen will und lieber jeden Tag pendelt.« Willi fächert die Papiere auf wie ein Ermittler in einer Krimiserie, der einerseits über seine Ratlosigkeit verzweifelt, andererseits aber großen Spaß daran hat, einen Job auszuüben, der schon als kleiner Junge sein Traum gewesen ist.

»Es ist alles so wie in den meisten anderen Städten auch. Glaubenskriege, Weltkriege, Feuerstürme, Wiederaufbau mit den Geschmacklosigkeiten der Sechziger- und Siebzigerjahre.«

»Willi«, sage ich, »man muss den Kunden nicht immer verstehen. Der Kunde hat ein Recht auf unverständliche Wünsche.«

»Ich sag's ja! Nur Bekloppte!«

Mein Diensttelefon klingelt. Ich muss hoch aufs Gleis. Eine alte Dame hat den Begleiter des herannahenden Regionalzuges um Hilfe beim Aussteigen gebeten. Sie habe, so sagt man mir, »außerordentlich viel Gepäck« dabei.

Annika diskutiert immer noch mit ihrem Kunden, der mit dem Telefon vor ihr herumfuchtelt. Ein Modell mit dem angebissenen Apfel. Er hat nicht einmal das eigene Ladekabel dabei. Ich beuge mich herüber.

»Wir laden hier grundsätzlich nur alte Nokias«, sage ich.

Der junge Mann schaut mich perplex an. »Starbuck's«, sage ich, »letzter Laden am Hinterausgang. Die kümmern sich um solche komischen Modelle.« Entschlossen zeige ich durch den Tunnel. Widerspruchslos packt der Mann sein Smartphone ein und geht los. Das stelle ich immer wieder fest – je mehr die Menschen klaglos für ein Telefon bezahlen, desto blinder folgen sie Befehlen.

»Muss aufs Gleis«, setze ich Annika in Kenntnis, stelle die Geißbocktasse unter die Theke und mache mich auf den Weg.

Willi folgt mir und spricht.

»Ich meine, sicher, Krefeld ist kein Glanzstück der Schöpfung, aber da gibt's doch noch ganz andere Kandidaten. Wie sagt man gleich so schön? Gott erschuf in seinem Zorn Bielefeld und Paderborn.«

»Willi … ich habe heute gute Laune.« Stolz schreite ich in meiner Bahnuniform dahin. Ein paar Menschen nicken mir grundlos freundlich zu.

»Oder Hagen«, sagt Willi. »Ein Redakteur der Welt hat mal geschrieben, die Fern-Uni sei nur gegründet worden, damit niemand sich in Hagen aufhalten muss.«

»Willi!«

»Ist doch wahr …«

Auf der Treppe zu Gleis 17 kommt uns ein dünner Mann entgegen, der die Stufen rückwärts hinunterschreitet. Langsam setzt er einen Fuß hinter den anderen und balanciert sich mit den Armen aus. Die Arme sind bis knapp vor die Handgelenke stark behaart und ragen aus einem schwarz-rot karierten Hemd.

»Da«, flüstert Willi, »wieder ein Bekloppter!«

»Nein«, sage ich, »ein Spiritueller. Das ist eine neue Art von Meditation.«

Willi schüttelt den Kopf.

Ich nicke dem Rückwärtsläufer anerkennend zu. Keine Ahnung, woher ich heute diese unerschütterlich gute Stimmung habe.

Willi streckt mir die Hand hin: »Ich wette mit dir, dass wir heute noch mindestens einen Menschen treffen, den sogar du für einen Bekloppten hältst! Um zwei Zimtschnecken und zwei große Kaffee.«

»Zwei Zimt, zwei Mohn und zwei große Kaffee«, sage ich.

Wir schlagen ein.

Udo verkündet in den Lautsprechern: »An Gleis 17 fährt ein Regionalexpress Richtung Emmerich über Duisburg, Oberhausen, Wesel …«

»Ha!«, sagt Willi. »Wesel! Das ist so ein Ort, da könnte ich dir sofort sagen, warum da keiner hinwill. Ganz, ganz schlechte Schwingungen. Da haben Kinder und Soldaten 1628 eine Frau und ihre kleine Tochter wegen angeblicher Hexerei so lange gejagt, bis die beiden sich in die Lippe gestürzt haben.«

»Hexen wurden damals überall verfolgt«, sage ich, während der Zug einfährt.

»Ja, aber in Wesel haben bei den Hexen gleichzeitig auch viele Leute ihre Dienste in Sachen Zauberei gebucht. Und jetzt rate mal, wofür?«

Der Zug bremst. Es quietscht hochtönend. Ich halte Ausschau nach dem Waggon, den man mir mitgeteilt hat. Willi quasselt weiter: »Wer damals in Deutschland an Magie geglaubt hat, wollte meistens Heilung von Krankheiten oder so was. Aber die Weseler, die sind zu den Hexen gegangen und wollten mehrheitlich Schadenszauber kaufen. Damit dem Nachbarbauern das Vieh stirbt und die Ernte verdirbt.

So sind die da drauf! Neidisch, missgünstig und boshaft. Und ich sag dir, das hat sich bis heute nicht wesentlich geändert!«

Ich finde den Waggon. Die Tür öffnet sich. In ihr steht eine gebrechliche Frau von sicher neunzig Jahren inmitten so vieler Koffer, wie sie sonst von Filmschauspielerinnen auf den Klatschseitenfotos der Frisörmagazine mitgeführt werden. Die alte Dame trägt ein blaues Kostüm und viele Ringe an den Fingern. Hinter ihr steht der Zugbegleiter und grüßt mich lachend. Ich kenne ihn. Manfred. Grauer Vollbart, breites Kreuz, leichtes Bäuchlein. Übt den Beruf ebenfalls schon so lange aus wie ich und ist an manchen Tagen ähnlich grundlos glücklich. Ich helfe der alten Baronin aus dem Regionalzug. Willi beginnt freiwillig, die Koffer anzunehmen. Große Koffer, kleine Koffer, Kosmetikkoffer.

»Wer ist das?«, fragt Manfred.

»Das ist Willi«, antworte ich.

Manfred nickt, als sei das Erklärung genug.

»Vielen Dank, der Herr«, sagt die alte Dame.

»Sehr gern«, sage ich.

Willi wuchtet die voluminöse Wenger-Ware auf den Bahnsteig. Schweißperlen bilden sich auf seiner Stirn und auf seiner haupthaarfreien Kopfhaut. Hinter Manfred beginnen die Menschen zu fluchen. Einige hasten zu anderen Ausgängen. Er ignoriert es und sagt: »Einmal samt Koffern zu einem Taxi begleiten, bitte.«

»Wird gemacht«, sage ich.

Die alte Dame nestelt etwas aus ihrer Tasche in Krokodilslederoptik. Obwohl, in diesem Fall wahrscheinlich nicht nur Optik…

»So, die Herren«, sagt sie, »an dieser Stelle schon mal vielen Dank für den Service.« Munter zieht sie einen Zehn-

Euro-Schein aus der Tasche. Ich verweise auf Willi, der ihn erstaunt entgegennimmt. Von wegen nur Bekloppte. Bei unseren Kunden regieren Eleganz und Höflichkeit.

»Gleich gibt's Mohnschnecken auf deine Rechnung«, sage ich.

Willi wackelt mit dem Kopf.

Hinter Manfred quetscht sich ein Mann mit einem riesigen Rimowa-Koffer Richtung Tür. Da das Gepäck der alten Dame mittlerweile vollständig auf dem Bahnsteig steht, könnte er einfach aussteigen. Macht er aber nicht. Oder besser gesagt: Er versucht es hektisch, scheitert aber an der Aufgabe. Statt seinen prall gefüllten XXL-Koffer, der ungefähr die Größe eines Gartenschuppens oder einer Garage für einen Smart aufweist, einfach zu drehen, drückt er ihn in seiner ganzen Breite zwischen Tür und Mittelgeländer, wo das Ding sich ungünstig verkantet.

»Verfluchte Scheiße!«, schimpft er.

Der Zug beginnt zu piepen. Die Türen wollen sich schließen, können aber nicht. Absurd klemmt der Koffer zwischen Tür, Geländer und Trittstufe.

Statt ihn erst mal wieder in den Zug zu ziehen, drückt der Mann einfach weiter, als würde das Ding dadurch kleiner. Sein Kopf nimmt eine rote Farbe an. Es piept. Manfred beugt sich aus dem Zug, um zu signalisieren, dass es vorerst nicht weitergeht.

»Ahhh!!!«, schreit der Mann und drückt.

»Drehen!«, sage ich.

Der Mann dreht nicht. Er drückt und quetscht. Als wäre sein massiver Hartschalenkoffer eine Portion Plätzchenteig in einem Spritzbeutel. Irgendwann in seiner Kindheit muss ihm jemand eingeredet haben, dass man alles schafft, wenn man nur will, ohne zusätzlich zu erwähnen, dass Denken hilft.

»Den Koffer wieder rein und drehen!«, sage ich.

»Ich hasse euch alle!«, sagt der Mann.

Die alte Dame runzelt vorwurfsvoll die Stirn. Willi schaut erst fassungslos, dann zufrieden.

»Ahhh!!!«, schreit der Mann erneut und beginnt, seinen verkeilten Koffer zu treten. Gleich platzen seine Adern.

»Ja, ist es denn die Möglichkeit!?«, sage ich, steige in den Zug, schiebe den Mann beiseite, drehe den Koffer aus seiner Verkantung, ziehe ihn wieder rein, stelle ihn längs vor seines Besitzers Hände, damit er mit geschätzten 35 Jahren lernt, wie man einen Koffer durch eine Zugtür bekommt, und steige wieder aus.

Manfred winkt.

Der Zug piept.

Der Koffermann greift sein Gepäckstück und dreht es wieder in die breite Position zurück.

»Guck!«, sagt Willi. »Guck, was er macht!«

»Ich fasse es nicht«, sage ich.

Bevor der Verrückte erneut den gleichen Fehler macht, springe ich in den Zug zurück, nehme ihm den Koffer ab und trage ihn aufs Gleis, wie ich es sonst nur für neunzigjährige Damen mit Krokodilsledergeldbörsen tue.

Manfred bedankt sich und verschwindet hinter der Tür, die sich endlich schließen darf. Der begriffsstutzige Koffermann grapscht sich seinen Koffer, als hätte ich ihn gestohlen. Böse funkelt er mich an und zerrt das Ding wortlos und kopfschüttelnd davon.

»Der stammt bestimmt aus Wesel«, sagt Willi.

»Oder aus Krefeld«, entgegne ich.

In aller Ruhe bringen wir die alte Dame zu ihrem Taxi. Der Rückwärtstreppenläufer ist längst im Gleistunnel angekommen. Langsam arbeitet er sich entlang der Schaufenster Richtung Ausgang vor. Der Smartphone-Besitzer verlässt schimpfend die Filiale von Starbuck's, die wohl viele Steckdosen, aber nicht auch noch passende Ladekabel bereithält. Ein paar Tauben segeln durch den Tunnel. Hausjunkie Mike schnorrt ein paar Leute an und beschleunigt dadurch ihren Gang.

Als die alte Dame samt Gepäck verladen ist und sich auf dem Vorplatz die Türen des Taxis mit dem sommerwarmen Klang moderner Mercedesmodelle geschlossen haben, schaut Willi mich an und sagt: »Meinen Kaffee nehme ich mit Milch. Und statt der Mohnschnecke würde ich als zweites Gebäck einen Krapfen bevorzugen.«

Zwei Minuten später lege ich beim Bäcker das Geld meiner verlorenen Beklopptenwette auf die Theke.

Der Hass steht auf der Stirn geschrieben

»Man muss immer tolerant sein«, sagt Annika. »Die meisten meinen es nicht so.«

Nachdenklich schaut sie zu den Teenagern hinüber, die in der Nähe unserer Theke beisammenstehen. Vier, fünf Mädchen um die sechzehn. Stark überschminkt und unterbekleidet. Derlei kleine Menschentrauben hängen gerne nach der Schule bei uns im Bahnhof rum. Ich habe mir von Kollegen sagen lassen, dass dies auch in anderen großen Städten so ist. Es gibt so viele schöne Plätze in unserer Landesmetropole. Das Rheinufer, die Parks, die Alleen, meinetwegen sogar die Kö. Aber weibliche Teenager leiden unter einer schweren Open-Air-Allergie. Sie können sich nicht länger als nötig unter freiem Himmel aufhalten. Sechs, sieben Stunden Schule in muffigen Klassenräumen und dann schnell auf geradem Wege in den Bahnhof. Oder in die Shopping Mall.

»Das ist ein Widerspruch«, antworte ich Annika. »Entweder man ist tolerant, oder man ist es nicht. Wenn man tolerant sein *muss*, fühlt man sich gezwungen und wird währenddessen immer intoleranter.«

Annika nickt.

Nippt an ihrer Tasse.

In ihrer Schneekugel schweben leise die Flocken durch die Stadt, vorbei an den winzigen Fensterläden. Ich stelle mir vor, wie ein noch winzigerer Bewohner hinter der Scheibe steht und ihnen versonnen nachblickt. Ob die Teenagermädchen da drüben als Kinder jemals Schneekugeln hatten?

»Guck hier, was Charlene wieder schreibt«, sagt eine Blonde im schwarzen Tanktop und hält ihr Smartphone in die Runde. Sie lacht verächtlich, nimmt es wieder runter und unterstreicht noch mal, was die ganze Gruppe gefälligst über ihre Klassenkameradin zu denken hat: »Die ist voll die Schlampe, Alter!«

Eine Schwarzhaarige in Hotpants greift nach dem Telefon: »Komm, schreib ihr zurück!«

»Finger weg von meinem Handy! Bist du behindert, oder was?«

»Ja, ist doch voll die Schlampe, schreib ihr das, Alter!«

»Ey, die ist mir doch voll egal, die asoziale Hurentochter … Alter!«

Annika starrt die Gruppe an, wie man in den Fernseher schaut, wenn man aus Versehen eine dieser Reality-Dokus eingeschaltet hat, die angeblich mitten aus dem Leben stammen. Sie ist entsetzt, kann aber weder Augen noch Ohren abwenden. Die Hypnose des Abgrunds.

»Sie sagen ›Alter!‹ zueinander«, flüstert sie. »Die jungen Mädchen sagen ›Alter!‹ zueinander.«

»Das wächst sich aus«, sage ich. »Ich bin tolerant. Hast du mit sechzehn nie geflucht?«

Annika überlegt.

Wahrscheinlich hat sie das tatsächlich nicht. Sie hat mit sechzehn sicher schon Schneekugeln gesammelt und Bahnverbindungen auswendig gelernt. Das muss selbst damals in der Schule kein leichtes Leben gewesen sein.

Die Blonde sagt: »Boah, ich muss jetzt erst mal was fressen gehen, Alter!«

»Wohin?«, erkundigt sich die Schwarzhaarige.

Die anderen Mädchen sagen nichts und schauen sich den rudimentären Dialog zwischen Blond und Schwarz an wie ein Tennisspiel. Es scheint noch nicht ganz ausgefochten, welches der beiden Mädchen die Anführerin der Gruppe ist.

»Ich glaub, ich geh Burger King«, sagt die Blonde.

Die Schwarze wechselt ihr Standbein, stemmt eine Hand in die Hüfte und legt abschätzig den Kopf schief: »Burger King ist voll schwul!«

»Musst ja nicht mitgehen, du Snitch!«

Annika beugt sich zu mir: »Was ist eine Snitch?«

»Irgendwas aus dem Rap«, antworte ich. »Ich glaube, es heißt Verräter.«

»Ich gehe jetzt wirklich Burger King!«, sagt die Blonde erneut, bleibt aber stehen. Wie ein Kind im Urlaub, das seinen Eltern sagt, dass es nun genug vom Wandern hat und beim nächsten Schritt wirklich, aber echt, aber dann wirklich echt, umkehrt und alleine zurückgeht. Langsam klärt sich, wer in dem Rudel das Sagen hat. Dreißig Jahre Menschenbeobachtung im Bahnhof, und ich könnte soziologische Doktorarbeiten schreiben.

»Ja, was nun, Alter? Gehen wir jetzt Burger King oder nicht?«, fragt die Schwarzhaarige, die eben noch dagegen war.

Die Blonde schüttelt den Kopf, schnauft »Ja, endlich!« und startet in Richtung der bunten Baguette-Bude.

Die Schwarze lächelt boshaft in sich hinein. Der restliche Anhang folgt. Eines der Mädchen rempelt einen Rentner an, da sie beim Laufen eine neue SMS angefangen hat.

Wie zwei Flamingos, die ihren langen Hals um den Eckzaun ihres Geheges strecken, schauen Annika und ich der wandelnden Doku-Soap hinterher, immer noch beide in Resthypnose. Deshalb merke ich erst, dass ein Kunde am Tresen steht, als dieser mit der flachen Hand drei Mal auf den Granitstein geklopft hat.

Annika dreht sich um.

Ich drehe mich um.

Annika wird erst rot, dann grün, dann bleich.

Ich weiß nicht, was ich werde.

Ich weiß nur, dass ich ein paar Sekunden brauche, um zu begreifen, dass es real ist, was ich da sehe.

Meinem Kunden steht der Hass auf der Stirn geschrieben.

Also …

… wörtlich!

Wie gesagt, ich glaube es immer noch nicht.

Ich blinzle.

Es ändert nichts.

Der Hass steht auf der Stirn.

Ein schwarzes, leicht blässlich gewordenes, aber immer noch deutlich lesbares Tattoo. Das »H« und das »a« in normaler Druckschrift gesetzt, das Doppel-»S« im gezackten Stil der SS-Rune.

Ich starre meinem Fahrgast vor den Kopf und versuche, mich zu sortieren. Sicher, es gibt immer wieder Menschen, denen wird das Böse nur unterstellt. Früher, als noch nicht jeder tätowiert war, galten alle, die viel Tinte unter der Haut hatten, bereits als Halbweltkriminelle. Heute muss noch nicht mal mehr der Bankkaufmann den Ansatz der Flamme an seinem Hals verstecken, die neckisch aus dem weißen Hemdkragen ragt. Na gut, es kommt auf die Bank an. Ein Fahrgast im bodenlangen, weißen Kaftan muss kein Fundamentalist sein, auch wenn die Menschen mehr oder minder unbewusst einen Bombengürtelsicherheitsabstand zu ihm halten, was natürlich bei einer tatsächlichen Bombe sehr unsinnig wäre, da ein sinnvoller Bombengürtelsicherheitsabstand mindestens bis weit in die Fußgängerzone hineinragt. In den meisten Fällen wird der Kaftanträger einfach nur religiös sein. Ich jedenfalls finde als Gottloser, der aus Interesse sehr gerne die episch langen Romane der Weltreligionen liest, im Koran mehr versöhnliche Verse als Hasspredigten. Ein junger deutscher Mann mit dichtem, langem Bart muss nicht unbedingt zum Salafismus konvertiert sein. Diese seltsame Haartracht kommt langsam wieder bei den sogenannten »Hipstern« in Mode, also jungen Männern, die beruflich irgendwie davon leben, den ganzen Tag auf den »richtigen« Musikgeschmack zu achten und unverständliche Artikel ins Netz zu stellen, während sie in kleinen Etablissements überteuerten Fair-Trade-Kaffee schlürfen. Manche Menschen wiederum haben keine Ahnung, was sie symbolisch ausdrücken und wo es eigentlich herkommt. Hip-Hop-Fans, die ihre ultraweite Hose so tief tragen, dass der Teil, in dem eigentlich der Popo stecken sollte, zwischen den Knien hängt, wissen mit Sicherheit nicht, dass in amerikanischen Gefängnissen die niedrig hängende Hose ein Zeichen dafür ist, dass der Hintern darin zu vermieten ist.

Trüge der Mann, der jetzt gerade vor mir steht, ein Hakenkreuz auf der Stirn, könnte ich mir mit ganz viel Fantasie noch einreden, dass er ein großer Fan Indiens ist und sich das Sonnensymbol des Hinduismus tätowieren ließ. Oder das chinesische Symbol für tausendfaches Glück. Natürlich müsste er gleichzeitig an historischer Amnesie leiden und nicht in Deutschland aufgewachsen sein. Kann ja sein. Womöglich lebte er bis zu seinem zwanzigsten Lebensjahr in den zerklüfteten Bergtälern von Tibet und ging dort auf eine Spezialschule, die nur fernöstliche Philosophie und Karate lehrt. Das wäre unwahrscheinlich, aber immer noch möglich. Ein deutschstämmiger, in Tibet geborener Kampfsport-Philosoph ohne europäische Geschichte in der Schule, der eben erst in unserem Land eingetroffen ist, vor fünf Minuten, mit dem Flieger aus Frankfurt und dem ICE vom dortigen Flughafen. Das könnte ich mir einreden, trüge der Kunde eine Swastika auf der Stirn spazieren.

Aber »Hass« mit dem gezackten Doppel-S?

Das passiert nicht mal in meiner kreativsten Fantasie aus Versehen.

»Guten Tag«, sagt der Hassmann. »Ich benötige eine Verbindung nach Aachen.«

Annikas Mund steht offen.

Ich muss meine Augen zwingen, von des Mannes Stirn abzulassen.

»Mit Bahncard 50«, fügt der Hassmann hinzu.

Er lächelt.

Seine Klamotten wirken wie aus dem Raiffeisen-Markt, in dem die Landwirte einkaufen. Grobe, aber saubere Arbeitsschuhe, Cordhose, kariertes Hemd, darunter schwarzes Shirt. Er hat eine wuchtige Statur. Nicht muskulös. Nicht dick. Kompakt und kantig, wie ein Mann, der Ställe ausmistet. Oder Trecker repariert. An seinem Handgelenk tickt eine solide Armbanduhr. Nicht teuer, nicht billig. Ziffern, Zeiger, Lederband. Kein Armeemodell zum Überleben im Dschungel und keine Retro-Casio mit Digitalziffern. Die Bahncard, die er mir sorgsam auf die Theke legt, hat weder Spuren von Abwetzung noch diese kleinen, beginnenden

Brüche, die jede Karte bekommt, wenn ein Mensch seine Geldbörse nicht ordentlich pflegt und der Druck von zu viel Inhalt das Plastik in den Kartenfächern brechen lässt. Außerdem riecht er gut. Weder Schweiß unter den Achseln noch süßlichere Überfütterung durch Tonnen von Parfüm. Nur ein frisch geduschter Agrarmensch mit Hass auf der Stirn.

»*Du musst jetzt was sagen!*«, denkt ein Teil von mir.

»*Was denn?*«, zischt der andere.

Der Hass, den mein Kunde an den Tresen getragen hat, spaltet mich innerlich in zwei Andreasse. Aufgebracht sitzen die beiden hinter dem kleinen Fenster in Annikas Schneekugelhaus unter der Esstischlampe am alten Holztisch und diskutieren.

»*Nun tu doch was!*«

»*Das hat keinen Sinn, dieser Mann hat sich längst entschieden. Wenn er jetzt hier an der Theke stünde und fragen würde: Äh, sorry, wo finde ich denn das nächste Tätowierstudio, in dem ich mir in Ruhe den Hass auf die Stirn schreiben lassen kann, ohne dumme Sprüche zu kriegen? Ja, dann könnte ich ihn noch aufhalten.*«

»*Das sind Ausreden! Du hast doch sonst immer einen frechen Spruch parat!*«

»*Bei dem nützt kein Spruch der Welt mehr irgendwas. Da kann ich nur noch seriös sein und so tun, als ob gar nichts wäre.*«

»*Das ist nicht seriös, das ist mangelnde Zivilcourage.*«

»*Ich könnte ihm sagen, er soll eine Mütze aufsetzen. Aber die müsste er dann dermaßen tief ziehen, dass er erst recht aussähe wie ein Schwerverbrecher.*«

»*Du könntest ihn anzeigen wegen des Zurschaustellens verfassungsfeindlicher Symbole.*«

»*Dazu müsste ich erst mal seinen Namen herausfinden.*«

»*Der steht da deutlich auf der Bahncard.*«

»*Also merke ich ihn mir und denunziere den Kunden, sobald ich ihn bedient habe, beim Staat?*«

»*Aber sicher! Denunziation ist deine Pflicht als Deutscher!*«

»*Das hört sich irgendwie komisch an ...*«

»*Nicht zweifeln, machen!*«

»Äh? Hallo?«

Der Hass steht immer noch am Tresen. Er will bedient werden.

»Aachen? Verbindung?«

Ich räuspere mich, noch halb in Annikas Schneekugel-Debattierstube, wie einer, den man aus der Trance weckt.

»Ja, klar«, sage ich. »Sorry, war gerade in Gedanken.«

Ich tippe sein Ziel in den Rechner. Das müsste ich nicht machen, denn die Verbindungen in die zweitwichtigste Domstadt des Landes kenne ich selbstverständlich auswendig. Aber Tippen verschafft einem Zeit zum Durchatmen. Deswegen dauert es auf den Ämtern auch immer so lange, bis die Damen dort einen Namen wie »Olaf Müller« in die Maske eingegeben haben, während es sich für den Hilfesuchenden anfühlt, als hätten sie die indonesische Übersetzung des Namens gewählt, die aus 67 Buchstaben besteht. Und deswegen ist es entscheidend, dass Bildschirme grundsätzlich nicht durch den Kunden einsehbar sind.

Während ich tippe, kommt mir eine legendäre lokale Gestalt in den Sinn. Ein rechtsradikaler Fan von Fortuna Düsseldorf. Er hatte sich ein Hakenkreuz auf den Hinterkopf tätowieren lassen, einen echten Koloss von Verzierung, locker tennisballgroß. Im Alltag war das Symbol trotzdem nicht zu sehen, denn der Mann hatte gesunden und kräftigen Haarwuchs. So lebte er die meiste Zeit sein Leben als

Kaufmann und netter Nachbar mit Frau und Kindern, mähte den Rasen und räumte freundlich grüßend die roten Bobbycars aus dem Weg, die seine Jungs wild in der Gegend geparkt hatten. Nur zu ganz besonders wichtigen Spielen des Vereins verwandelte er sich, rasierte seinen Kopf und fuhr mit provokant prangendem Hakenkreuz in die fußballerische Ferne. Würde ich an Gott glauben, müsste ich jetzt sagen, dass ihn nach einigen Jahren der Schöpfer strafte. So sage ich einfach, wie es ist: Der Mann bekam Leukämie, und die Chemotherapie offenbarte seinem Arbeitgeber und sämtlichen entsetzten Nachbarn sein wahres Wesen.

Tja…

In Ruhe gebe ich den Zielort ein und nehme mir alle Zeit, die mir das Formular ermöglicht. »Jetzt gleich oder später?«

»Ab sofort bitte.«

»Nur Nahverkehr?«

»Nein, alle Züge.«

»Ein Erwachsener?«

»Ja, sicher.«

»Keine Kinder?«

»Sehen Sie hier irgendwo welche? Habe ich zwei, drei Stück in der Tasche und mit Werthers Echten ruhiggestellt?«

Langsam wird er ungehalten. Das gefällt mir. Es zieht mich aus meiner Schockstarre.

»Sitzplatzreservierung?«

»Nein. Wieso brauchen Sie das überhaupt? Ich will doch nur die Verbindung, nicht das Ticket.«

»Sie haben mir die Bahncard auf die Theke gelegt. Die ist für eine Fahrplaninformation ebenfalls unerheblich.«

»Stimmt, das war Unsinn…« Er greift nach der Karte.

Ich lege die Hand darauf und sage: »Nein, schon okay.« Ich präge mir den Namen ein. Der zweite Andreas klopft mir lobend auf die Schulter. Der erste denkt sich: Ich zeige keinen Kunden an, nicht mal so einen. Stattdessen bemerke ich: »Ist doch eigentlich Quatsch, dass wir Bahncard dazu sagen, oder?«

Der Mann runzelt die Stirn. Der Hass beginnt zu tanzen.

»Das hier«, betone ich zackig, »ist eine Bahnkarte. Eine Ermäßigungskarte der Deutschen Bahn. Oder?«

»Öhm, ja?« Der Hassmann zögert.

»Wer immer auf diese schwachsinnige Idee kam…«, schimpfe ich gespielt und verziehe mein Gesicht. »Meiner Meinung nach hätte man das Kind noch klarer beim Namen nennen müssen. Diese Karte belohnt Treue. Diese Karte hat mit Werten zu tun. Sie ehrt die unerbittliche Treue zur Deutschen Bahn.«

Annika wendet endlich den Blick vom Kunden ab und schaut nun zu mir. Langsam gehen die Pferde mit mir durch. Die beiden »eu«-Laute in »Treue« und »Deutsche« habe ich eben ganz sachte so ausgesprochen, als würden sie »Troie« und »Doitsche« geschrieben.

Der Kunde ist leicht verwirrt.

»Sehen Sie das etwa nicht so?«

»Ja, doch, sicher…«

»Gut«, sage ich und füge kantig hinzu: »14:22 Uhr, Gleis 4. Regionalexpress ohne Umsteigen. Ist das genehm?«

»Ja«, schießt der Kunde fast soldatisch hervor.

»Du hättest ihn auch einfach still und leise anzeigen können«, meckert der zweite Andreas in der Schneekugelstube und schmollt hinter dem Fenster. Ich drucke die Verbindung aus.

»Eine Frage noch für die Statistik.«

»Bitte.«

»Besitzen Sie ein Handy und haben Sie darauf die Bahn-App?«

»Ja. Und nein.«

»Aha«, sage ich und tue so, als ob ich das Ergebnis der kurzen Kundenumfrage in den Rechner eingebe. »Und die Frage kam Ihnen jetzt nicht komisch vor?«

Der Hassmann nimmt seine Reiseinformationen entgegen und schüttelt den Kopf: »Wieso sollte sie?«

Ich atme tief ein, strecke mich und stelle mir vor, ich wäre einer seiner verkorksten, latent cholerischen Parteivorsitzenden in einer Kleingartensitzung der örtlichen NPD. »Weil Sie jetzt hätten sagen müssen: Ein ›Handy‹ und eine ›App‹ existieren im deutschen Wortschatz nicht!!! Sie hätten sagen müssen: Ja, ich besitze ein schnurloses, tragbares Funktelefon und nein, ich habe seinem Betriebssystem kein Programm zur Ermittlung von Bahnverbindungen aufgespielt! Sie tragen doch auch unter Ihren Karos da kein ›T-Shirt‹, sondern ein Baumwollhemd, und Sie stehen hier auch nicht am ›Service Point‹, sondern an der Auskunft. Oder etwa nicht???«

»Ich glaube, ich gehe dann mal«, sagt der Nazi, dem ich als deutscher Bahnangestellter gerade zu anstrengend werde.

»Und denken Sie dran, wenn Sie gleich die Karte kaufen«, rufe ich ihm hinterher. »Sie müssen unbedingt in *Euro* zahlen!«

Er dreht sich ein letztes Mal um, funkelt mit den Augen und zeigt mir den Vogel. Ich grinse.

Der zweite Andreas im Schneekugelhaus sagt: *»Na, wenigstens sind die Fronten noch klar geworden.«*

Annika reibt sich die Schläfen: »Ist das eben wirklich passiert?«

»Ist es«, antworte ich und betrachte das schwarz-grau-weiß gemusterte Granit der Theke, auf der eben noch die

Bahncard des Mannes lag. Selbst wenn ich ihn doch noch anzeigen wollte, seinen Namen habe ich längst wieder vergessen. Nur das »SS« tanzt noch vor meinem geistigen Auge herum, versunken zwischen den Zornesfalten.

Es wird vertrieben von den knorrigen und zugleich kieksenden Stimmen der Teenagermädchen. Sie haben beim Amerikaner ihre Buletten-Baguettes erworben, bekleckern ihre Tanktops und Smartphone-Bildschirme mit Mayonnaise und Salatfetzen und werfen sich gegenseitig im Kaugummitonfall liebevolle Beschimpfungen an den Kopf.

Annika schaut zu ihnen rüber, als »müsse« sie nicht bloß tolerant sein, sondern als sei sie plötzlich froh, dass wir die harmlosen Mädchen haben.

Im Fenster der dämmerigen Debattierstube des verschneiten kleinen Düsseldorfs in der Kugel erlischt leise das Licht.

Einer geht noch rein

Es bollert.

Es klimpert.

Es tost.

Gesänge wie aus einer kleinen Fankurve. Sagen wir, Regionalliga. Dazu das kehlige Kegelclubgelächter, das tatsächlich immer so klingt, als würden dabei hölzerne Figürchen umgeworfen.

Die Glasware, die dort so klimpert, ist ein wildes Gemisch aus Bier, Wein, Sekt und Schnaps in einem Bollerwagen. Das Rudel, das zu dem Geklimper den Menschenlärm macht, scheucht einen armen Mann in gestreifter Gefangenenkluft vor sich her. Er wirkt bleich und ausgezehrt, wie eben erst aus Alcatraz entflohen. Oder aus dem Sing-Sing in einem alten Comic von *Lucky Luke.* Den höhnischen Rufen seiner Peiniger kann ich entnehmen, dass der arme Mann Horst heißt. Auf dem Kopf trägt Sträfling Horst eine schmucklose Gefängnismütze. Vor der Brust schleppt er einen Bauchladen mit sich herum. An seinem rechten Fußgelenk zieht er eine riesige schwarze Kugel aus Kunststoff an einer Kette hinter sich her. Das Geräusch, das sie auf dem Bahnhofsboden macht, klingt wie eine Mischung aus »Kartons am Altpapiercontainer zerreißen« und »betrunken vor alte Mülltonnen treten«. Den Bollerwagen mit dem Alkohol darin schiebt ein hagerer, langer Typ mit Augenringen und dermaßen kantigen Wangenknochen, dass winzige Zwerge auf ihnen die Beine baumeln lassen könnten, wie auf dem berühmten Bild mit den Bauarbeitern auf dem Stahlträger. Wahrscheinlich heißt er Ralf, denn alle rufen ihn Ralle. Es ist stark davon auszugehen, dass Ralle die Idee zu dem Sträflingskostüm und der Kugel am Bein hatte. Das hat noch niemand zuvor gemacht, wird er gedacht haben, denn Ralle ist unverheiratet und kennt sich aus. Das wird der absolute Brüller, hat Ralle gedacht. Vor allem für die Passanten und Zivilisten.

»EINER GEHT NOCH, EINER GEHT NOCH REIN!«, grölt die Meute, dirigiert von Ralle. »EINER GEHT NOCH, EINER GEHT NOCH REIN!« Horst spricht derweil mit seinem Bauchladen unsere unschuldigen Fahrgäste an. In dem Fall: zwei Frauen Mitte dreißig mit breiten Gürteln an den Kleidern und Sonnenbrillen im Haar, wie sie manchmal im Fernsehen von Umfrageredakteuren angehalten werden. Gut gelaunte Ladys, die es nicht ganz so eilig haben wie der gemeine Pendler.

»Hallo …«, lallt Horst. Es klingt wie: »Huah-Lo!«

Er muss den Bollerwagen bereits um viele Flaschen erleichtert haben. Dennoch biegt sich das kleine Gefährt wie ein mit antiken Folianten überladenes IKEA-Bücherregal. Eine Pulle mehr, und die Achse bricht.

»Also, es ist so …«, sagt Horst. Ich kann es kaum akustisch entziffern. Es klingt wie: »Allo essi so!«

Die Ladys schauen ihn mit einer Mischung aus Amüsiertheit und Fremdscham an. Mit zittrigen Fingern deutet er auf die Gemischtware in seinem Bauchladen. Kondome, Lutscher, kleinste Flaschen mit alkoholischem Genuss.

»Ich habe hier …«, sagt Horst. Es klingt wie: »I habbel hi …«

Längere Sätze dürfte man von ihm heute gar nicht mehr verstehen.

Seine Rotte grölt: »EINER GEHT NOCH, EINER GEHT NOCH …«

»Fresse!«, schimpft Horst.

Alle lachen.

Das klang tatsächlich nur wie »Fresse«.

Horst lächelt die Ladys wieder an.

»Also …«, sagt er. Es klingt wie: »Allo!« Sein Rudel kichert. Eine der Ladys zupft ihre Kleidträger zurecht. »Ich habe hier frische Kolonialwaren anzubieten.«

Sollte Horst wohl sagen. Selbstverständlich scheitert der Satz am ohnehin schon schweren Wort »Kolonialwaren«. Ich denke, das gehört alles zu den Spielregeln, die Ralle sich ausgedacht hat. Wochenlang. Abend für Abend. In schadenfroher, geduldiger Heimarbeit auf dem Dorf. Ich sehe Ralle vor mir, wie er da gesessen haben muss am Stammtisch beim Italiener Mario und sich nicht mehr einkriegte vor Lachen. »Horst muss ›Kolonialwaren‹ sagen«, hat er fünf Mal wiederholt und in seine Frutti di Mare gebissen, »versteht ihr, ja? Und wenn es nicht sauber rauskommt, muss er einen Kurzen trinken! Und mit jedem Kurzen wird es schwerer, ›Kolonialwaren‹ zu sagen! Ha, ha, ha!« So hat Ralle das verkündet bei Mario, noch eine Runde bestellt, aus Versehen die Vase auf dem Tisch umgeschmissen, beim Alibi-Abwischen des Wassers mit dem Handrücken in die Runde geguckt und gesagt: »Mach du mal. Probier mal aus. Sag mal ›Kolonialwaren‹. Komm, sag es!«

Und jetzt steht Horst da in seinen Sträflingsklamotten, fünf Meter neben unserer Infotheke vor den fremden

Frauen, und schmiert beim Sprechen selbstverständlich endgültig ab. Es klingt wie: »Ich harwe hi fische Gohloohni-alla … Gihonialhala …«

Die Gruppe schmeißt sich weg.

Ralle zieht die Schnapsflasche aus dem Bollerwagen und gießt einen Klaren in ein 2 cl-Plastikglas ein. »Sooo, Horst, und jetzt gibt's wieder Medizin …«

Horst hebt die Hand. Seine Beinkugelkette klappert. »Nee, ich schaff das! Also, Mädels, hier, Gohloohhiwaaa … boah! Kolwohinaaa …«

Ralle hält ihm den Schnapsbecher vor die Lippen, greift ihm in den Nacken und flößt ihm den Klaren ein. Horst windet sich und prustet. Die Sonnenbrillen-Ladys hüpfen beiseite und treten die Flucht an.

»Aber die Gohlonieeewaaahhh!«, ruft Horst ihnen nach.

»Du vertreibst auch fast jede Olle, was¿¿¿«, krakeelt Ralle. »Na ja, aber eben nur fast. Ha, ha, ha!!!«

Diese wunderbaren Rituale erleben wir fast jeden Samstag.

Irgendjemand vom Dorf heiratet, und die Leute in der Stadt müssen es ausbaden. Undenkbar, einen Junggesellen-abschied in der eigenen Kommune zu feiern. Fürs feucht-fröhliche Ritual muss man in die glamouröse Großstadt. Das schließt Glanzlichter wie Dortmund oder Gelsenkir-chen schnell aus, mal abgesehen davon, dass irgendjemand in der Gruppe immer zu gelbschwarz oder zu weißblau ist. Das kann ab zwei Promille aufwärts speziell am Wochen-ende zu problematischen Begegnungen führen. So packt man also den Alkoholvorrat, den sämtliche Südkoreaner in einem Jahr verzehren, als Tagesration in den Bollerwagen, zwängt das arme Opfer von Junggesellen ins Kostüm und rattert Richtung Rheinmetropole.

Horst versucht's beim nächsten Passanten, der durch den Bahnhof rauscht. Dieses Mal ist es ein Pendler. Das weiße Hemd zeigt Schweißflecken unter dem Sakko, der Gürtel zwickt, und das Köfferchen zieht am Handgelenk.

»Tschulligung, ich harwe hi fische Gohloohnialla … Gihonialhala …«, lallt Horst und greift unkoordiniert nach des Pendlers Sakko, um ihn festzuhalten, da der Mann einfach stur weiterrennt.

»Hey!«, beschwert der sich.

Horst lässt los und zeigt empört auf seinen Bauchladen. »Aber wiewalo! Fische! Gohlo, gohlo!«

Bald sind es nur noch Laute. Mit viel Wohlwollen wirkt es langsam wie ein Experimentalfilm um 2:30 Uhr auf 3sat.

»Und der nächste Korn!«, ruft Ralle.

Der Pendler schüttelt den Kopf.

Annika, die bis eben Kundschaft hatte, stupst mich an: »Sollte ich jemals heiraten, Andreas, unterbinde bitte, dass meine Freundinnen für mich einen Junggesellinnenabschied veranstalten. Ja? Kannst du das bitte tun?«

Ich schiele zu ihr rüber, ohne den Kopf zu drehen, und verziehe neckisch meinen Mundwinkel. »Och, ich denke, du würdest in Sträflingskluft ganz süß aussehen.«

»Andreas!«

»Bei Frauen ist ein Junggesellinnenabschied nicht so schlimm.«

»Ha! Da kennst du die Mädels aber schlecht!«

Wahrscheinlich hat sie recht.

Ralle presst Horst die nächsten zwei Zentiliter Nervengift in den erschöpften Organismus. Horst hustet. Schnaps spritzt aus den Ohren und der Nase. Das ist wahre Freundschaft.

»Wieso müssen die alle immer nach Düsseldorf kommen?«, fragt Annika.

Ich antworte: »Diese Auswüchse gibt's in jeder tollen Stadt. Frag mal die Kollegen in Hildesheim, Köln oder Stuttgart. Angeblich ist sogar Bielefeld betroffen.«

Horst hält Kurs auf den nächsten Fahrgast.

Annika sagt: »Bielefeld gibt es nicht.«

Ich sage: »Du weißt das. Ich weiß das. Die Deutsche Bahn weiß das. Aber das Gerücht hält sich ebenso hartnäckig wie die Mär vom Tausend-Euro-Schein, den man für ein ›Like‹ und das Abonnieren einer Klingelton-Flatrate bekommen kann. Aber nur, wenn man eine ganz besonders spezielle, ausgesuchte Person ist. Zum Beispiel einer, der zu Hause Internet besitzt. Oder einen Puls hat. Also so besonders und einzigartig wie ein Sträfling bei Junggesellenabschieden.«

Annika nickt nachdenklich und behält den heftig schwankenden Horst im Auge. Womöglich müssen wir irgendwann auch mal zugunsten unserer nüchternen Kundschaft eingreifen. Man sieht Horst förmlich an, dass er längst keinen Bock mehr hat, die Leute anzusprechen, und dass nur noch der Gruppenzwang in ihm seine grausamen Fäden zieht. Kann gut sein, dass der nächste Mensch, bei dem er kalt abblitzt, den Frust ausbaden muss. Falls es noch nicht deutlich geworden sein sollte: Junggesellenabschiede, wie sie heute gefeiert werden, sind keine charmante Idee. Im Grunde haben sie die Würde von öffentlichen Auspeitschungen. Oder von Fernsehsendungen wie *Jung, pleite, verzweifelt*.

Ich rechne nach.

Heute Morgen ist die Bande von Horst unausgeschlafen und ohne richtige Nahrung im Bauch Richtung Düsseldorf gefahren. Dem ersten stülpte es schon im Zug den Magen auf links. Kein Brötchen, kein Rührei, kein Kaffee und darauf mächtig Schnaps… da kann es einem schon mal aus dem Gesicht fallen. Pech. Aber laufen kann der Mann ja wieder, irgendwie.

Schon in der U-Bahn traf man auf weitere Grüppchen gleicher Art und gleicher Absicht. Da war die Freude noch groß! Ihr auch? So was Originelles! Das wird lustig! Entern wir gemeinsam die Stadt! Kaum in der City dann die große Enttäuschung. Wie, schon fast ein Uhr mittags, und die Kneipen haben noch zu? Was machen denn die Menschen, die gerade keinen Junggesellenabschied feiern, samstagvormittags? Etwa bloß einkaufen? Aber was soll's, man hat ja selbst genug dabei. Und es gibt auch um ein Uhr mittags schon Restaurants, die geöffnet haben und auf deren Terrassen all die netten Leute sitzen, denen man zu ihrer Freude über den Teller ins Ohr brüllen kann: »EINER GEHT NOCH!!!«

Horst läuft ein, zwei Fahrgästen hinterher wie ein bissiger Hund dem Postboten. Sie ignorieren ihn. Ralle ruft: »Bleibt doch mal stehen! Ihr seid alle so unlocker, Mann!« Langsam klingt er selbst gereizt. Annika wirkt, als sei sie kurz davor, die Security anzurufen.

Ich frage mich ernsthaft, was nerviger ist. Der Junkie, der irgendwo an einem Fleck in der Stadt steht und alle drei Minuten seine Schallplatte auflegt, oder das räudige Rudel sturzbetrunkener Junggesellenabschiedler, das sich am Ende der Straße langsam nähert und sich dabei durch die Gastronomietische pflügt wie ein Militärjeep in einer Actionszene.

Der Junkie fragt: »Können Sie mir helfen? Ich brauche

zwanzig Pfennig zum Telefonieren und habe nur einen
Zehnerschein.« Das zieht fast immer, trotz der Abzüge in
der B-Note, weil er den Pfennig immer noch nicht durch
den Cent ersetzt hat. Aber er kriegt sein Geld, sonst würde
er es ja nicht machen. Horst dagegen stolpert in den Tisch
eines gemütlich speisenden Seniorenpaares und hält ihnen
seine Kollektion bunter Kondome unter die Nase, während hinter ihm das zwanzigköpfige Grölmonster krakeelt.
Da sagt sich der Pensionär: »Guck mal, Erna, Kondome
auf dem Esstisch, da gehen wir doch gerne draußen essen,
oder?« Und die Stadt fragt sich, wieso die Außengastrono-
mie sinkende Umsatzzahlen hat…

Horst zupft schon wieder an einem Fahrgast herum. Er
braucht ein Erfolgserlebnis, sonst rasten hier noch alle aus.
Der von Horst Bezupfte ist ein wohlbeleibter Märchen-
onkeltyp mit runder Brille. Duldsam wie der Weihnachtsmann brummt er mit tiefer Stimme: »Da heiratet wohl bald
jemand, was?«

Horst schöpft endlich Hoffnung und wackelt mit dem
Bauchladen. »Duhawei! Duhagauf!«, tönt es aus seinem
Mund.

»Ob ich was kaufen möchte?«, fragt der Märchenonkel.

»Es ist so unwürdig…«, flüstert Annika.

Ich stelle mir die Verlobte vor, die gerade zu Hause wartet und hofft, dass ihr Horst das Wochenende übersteht.
Sicher wohnen die beiden schon zusammen in ihrem kleinen, ländlichen Nest. Trennen den Müll. Mulchen die Ra-
batte. Bestellen bei Mario. Und dann, eines Tages, macht es
einfach »Klick!«.

Heiraten.

Familie gründen.

Wird Zeit.

An sich eine feine Sache und noch dazu gut für uns alle, schließlich bildet die mittelständische Kleinfamilie eine wichtige Säule unserer Gesellschaft. Doch dann bekommen sie alle im Dorf Wind von der Sache.

Die Cousins.

Die Kollegen.

Die Clique.

Der Kegelverein.

Die Freiwillige Feuerwehr.

Aufruhr und Aktionismus, Ralle wird Rädelsführer, man reißt die Kaffeekassen auf und schmiedet einzigartige, noch nie da gewesene Partypläne. Glaubt man. Horst geht in Sträflingskluft, aber für alle anderen muss ein Motto-T-Shirt her. Das ist die eherne Regel für sämtliche Textilproduktionsplanungen bei Junggesellenabschieden – immer die Teilnehmerzahl minus eins, plus das Spezialkostüm für den armen Wicht oder, wenn Horsts Verlobte auch von ihren Freundinnen beglückt wird, die arme Wichtin, falls man das so sagt. Die Sprüche auf den Partytrikots des Rudels, die wir hier im Bahnhof an jedem Wochenende zu lesen bekommen, sind dann auch stets sehr abwechslungsreich. Bei fünf der sechs letzten Events, die durch den Bahnhof tobten, stand auf den Shirts der Gruppe: *Horst hat den Kleinsten!* und auf einem Schild um den Hals des Junggesellen dann: *Ich bin Horst!* Also mit Horst jetzt nur als Beispielnamen, denn unser Horst, der gerade dem gemütlichen Märchenonkel etwas aus dem Bauchladen verkauft, trägt ja Sträflingskluft. Dazu passend steht dann auch auf den T-Shirts all seiner Begleiter dick und breit: *Letzter Tag in Freiheit*.

Das ist einer der ganz seltenen Sprüche.

Sicher hat Ralle ihn erdacht.

Wie gesagt, der Mann ist unverheiratet und kennt sich daher aus.

»Wiwällä⸮ Mima! Maps⸮«, lallt Horst.

Der Märchenonkel sagt: »Wie es mit einem Schnaps wäre⸮ Ja, gut. Nehme ich. Bin ja nicht mehr im Dienst. Ho, ho, ho.«

Horst strahlt, soweit das in seinem Zustand noch möglich ist, und nestelt eine kleine Flasche Lakritzlikör aus seinem Warenbestand. Wortlos hakt er nach, ob die Sorte in Ordnung ist. Der Märchenonkel schließt gütlich die Augen und stopft großzügig einen Fünfer in die Sammelbüchse.

Ralle und das Rudel applaudieren.

»EINER GEHT NOCH! EINER GEHT NOCH REIN!«

Der Märchenonkel hebt die Hand.

Das Rudel verstummt.

Der Märchenonkel brummt: »Euer Häftling hier will noch was sagen...«

Horst nimmt sich zusammen, atmet tief durch, stößt einmal sauer auf, sammelt sich erneut und lallt schließlich: »Dawo mawewi reina Jokka!«

Der spendable Gönner sagt: »Ach, davon machen Sie mit Ihrer Frau eine Reise nach Mallorca⸮ Na dann wünsche ich viel Spaß.«

Annika steht der Mund offen. Sie kann kaum Augen und Ohren vom Märchenonkel abwenden.

»Ein Linguist«, sage ich.

»Si sinne gudda ma!«, gurgelt Horst, und ich denke, er meint damit, der Märchenonkel sei ein guter Mann.

Ralle gießt neuen Fusel ein und verteilt 2 cl-Plastikgläschen. »EINER GEHT NOCH, EINER GEHT NOCH REIN!«

Während sie singen, wankt Horst auf unseren Tresen zu und hält sich daran fest. Sein Blick fällt auf den Eingang der Bahnhofshalle. Eine Mischung aus Freude und Entsetzen wandert durch seine rot geäderten Augen. Ralle merkt, dass der Sträfling etwas erspäht hat, sieht es nun auch und ruft: »Nein! Nein… Leute, gucken! Gucken!«

Annika und ich gucken, als seien wir gemeint gewesen.

Vom Haupteingang her nähert sich ein weiteres Rudel Trunksüchtiger. Sechs kieksende und kreischende Damen in gleichfarbigen T-Shirts und eine Junggesellin. Sie trägt eine lange, blaue Perücke, einen BH aus Cupcakes auf den Brüsten und so kurze Hotpants, dass die Schamhärchen Düsseldorfer Luft schnuppern würden, wären sie nicht zuvor entfernt worden.

»Was soll das darstellen?«, frage ich Annika. »Eine Hure?«

»Was?«, zeigt sie sich empört, »das ist Katy Perry!«

»Aha …«, sage ich.

»Carola …«, haucht Horst an unserer Infotheke, halb verwirrt und halb erregt, denn so hat er seine Verlobte noch nie gesehen.

Ein paar Sekunden stehen sich die zwei Grüppchen aus Männlein und Weiblein, die sich für ihren letzten Exzess die gleiche Stadt ausgesucht haben, gegenüber.

Dann, synchron, fast so, als wäre es verabredet gewesen, reißen alle die Hände in die Luft und beginnen zu singen: »EINER GEHT NOCH, EINER GEHT NOCH REIN!!! EINER GEHT NOCH, EINER GEHT NOCH REIN!!!«

Einer geht noch.

Mindestens.

Alles einfach so im Kopf?

Zwei Grundvoraussetzungen, um meinen Beruf zur Zufriedenheit aller auszuüben, sind Genauigkeit und Ortskenntnis. Die meisten Menschen nehmen es damit nicht mehr so genau. Früher, als man noch zu Fuß gehen musste oder die Kutsche von Köln nach Bonn zwei Tage gebraucht hätte, lernte man zwangsläufig jede Kastanie kennen. Das Auto war bis zur Erfindung der herrischen, humorlosen Navigatorin ebenfalls nur zu bedienen, wenn man die Landkarte lesen konnte. Aber die Bahn? Die macht alles von alleine. Da wird man schnell wieder zum kleinen Jungen, den die Mama daheim in den Zug setzt und den der Onkel am Ziel abholt.

»Guten Tag.«

Ein Köfferchenmann.

Akten in Leder, Anzug von der Mittelklassestange. Die Spitzen seiner Lackschuhe sehen ein wenig angegriffen aus. Als hätte er sie im Hotel zu lange und zu feste unter die Gratis-Schuhputzmaschine im Flur gepresst. Annika ist unterwegs. Sie eskortiert eine Neunzigjährige zum ICE Richtung München. Rund um den Tresen ist wenig los. Die typische dezente Nachmittagsflaute, bevor der Feierabendtrubel einsetzt. Der Köfferchenmann schaut mich an.

»Ich möchte nach Frankfurt.«

Ich nicke und lege die Finger auf die Tastatur: »Frankfurt am Main oder Frankfurt an der Oder?«

»Ist mir egal, ich werde abgeholt.«

Der Satz bahnt sich seinen Weg durch meine Ohren Richtung Gehirn und löst dort Freudentränchen aus. Annika kann mich gerade nicht bändigen, also folge ich meinem Impuls. Ich drucke ihm eine Verbindung nach Frankfurt an der Oder aus und murmele mit leicht polnischem Akzent: »Ich kenne sowieso nur ein Frankfurt, oben an der Grenze zu Szczecin.«

Der Köfferchenmann nimmt es nicht wahr.

Ich reiche ihm die Verbindung. »Bitte sehr, der Herr.«

»Danke schön.«

Das Köfferchen zieht ab. Ein neuer Kunde tritt nach vorn. Zwei Köpfe größer. Schnauzbart. Cordsakko. Typus alter Physiklehrer. Er will nach Freiburg.

Ich frage: »Das große in der Schweiz oder das kleine in der Nähe von Gundelfingen?«

Der Physiklehrer hält den Atem an.

Sollte er selber Freiburger sein, gibt es nun drei Möglichkeiten, wie er auf diesen Spruch reagieren wird.

Entweder: Er ist beleidigt.

Oder: Er schmunzelt ganz behutsam und sagt: »Das bei Gundelfingen.«

Oder: Möglichkeit drei, auf die ich spekuliert habe und die den Hauptgewinn in der Bezauberung von Fahrgästen darstellt. Er sagt, wie er es tatsächlich gerade tut: »Also, wenn ich ganz ehrlich sein soll – eigentlich will ich sogar nach Gundelfingen!«

Ich lache: »Na, warum sagen Sie das denn nicht gleich?«

Der Physiklehrer bekommt rote Wangen wie ein Mädchen, dem der größte Held der Schule ein Kompliment ins Ohr geflüstert hat. So einfach macht man die Kundschaft glücklich. Wie gesagt, die goldenen Fähigkeiten: Genauigkeit und Ortskenntnis. Sie sparen nicht nur Zeit, sondern erhellen vor allem den Tag des Kunden. Denn als ihre Heimat, als ihr wirkliches Zuhause, empfinden die Menschen immer ganz genau den Ort, in dem sie leben und *nicht* das große Gebilde drumherum. Beuel statt Bonn. Zuffenhausen statt Stuttgart. Rahlstedt statt Hamburg. Es ist stets die kleinste Einheit. Die allerkleinste. Das Dorf. Die Bauernschaft. Das einzelne Viertel. Ein Berliner aus Pankow ist von ganz anderem Empfinden als ein Berliner aus Lichtenberg. Ein Kölner aus Weidenpesch ist kein Kölner aus Porz. Und sagen Sie mal nachts in einer Wattenscheider Kaschemme: »Boah, was ist das schön hier in Bochum!« Das Zusammenfassen und Zentralisieren widerspricht der menschlichen Natur. Speziell bei Bindestrichorten merkt man das ebenfalls gut. Rheda-Wiedenbrück. Vettweiß-Jakobswüllersheim. Ascheberg-Herbern. Da kann man sichergehen, dass die Bevölkerung der mit Bindestrichen zusammengeklebten Gemeinden eine latente Konkurrenz und Stutenbissigkeit untereinander empfindet. Oder Hengstbissigkeit, je nachdem.

Trotzdem oder gerade deswegen geben die Menschen nie ihr echtes, tatsächliches Reiseziel an. Allein schon aus praktischen Gründen. Wer Ortskenntnis hat, braucht nicht den kompletten Weg zum Ziel, sondern nur die Verbindung bis zu der Stelle, ab welcher er ganz von selbst Bescheid weiß. Muss ich selber zum Beispiel aus einem fremden Bundesland nach Hause zurück, schlage ich die Verbindung sogar nur bis Köln oder Dortmund nach. Was ab dort in welchem Takt nach Düsseldorf fährt, weiß ich auswendig.

So handelt jeder Fahrgast.

Kennt man nun aber das Dorf, das der Kunde eigentlich anpeilt, fühlt er sich wahnsinnig geschmeichelt.

»Sie kennen Gundelfingen?«, fragt der Physiklehrer, während ich drucke.

»Aber sicher«, antworte ich.

Ich sehe ihm an, dass er es zu Hause erzählen wird, beim Doppelkopf. Dieser Bahnmensch aus Düsseldorf, stellt euch vor, der kennt unser Kaff!

Meine Lieblingsformulierung ist daher auch immer das *bei*.

Einfache Formel: Größere Ortseinheit nach vorne und mit der kleineren mittels *bei* verbinden. Schon ist der Kunde euphorisch. Oder er lernt etwas Neues. Bittet mich einer etwa zum Beispiel um eine Verbindung nach Bremen, habe ich direkt zwei Optionen. Entweder ich frage: »Bremen bei Garlstedt?« Das ist eine Kleinstadt, die für ihre Kaserne berühmt wurde, spätestens durch den Roman *Neue Vahr Süd* von Sven Regener, die beste Komödie über die Bundeswehr. Der Kunde macht dann meistens große Augen und sagt: »Eigentlich will ich nach Osterholz-Scharmbeck!« Das ist die Gemeinde, zu der Garlstedt offiziell gehört, der Norden des Bremer Umlands.

Oder die zweite Option. Ich sage: »Bremen bei Leverkusen?«

Das verwirrt nahezu jeden.

Außer den drei Leuten, die aus Bremen bei Leverkusen stammen. Genauer gesagt: aus Bremen, dem Ortsteil der Gemeinde Wermelskirchen zu Dabringhausen, Heimat des Pfannkuchenhauses Coenenmühle, direkt am Bächlein Leinnefe neben der wunderschönen L101.

Ein Fleckchen Erde, in dem nicht mal ein Bus hält und

das nur Autofahrer bemerken, die einer Stauumleitung folgen.

Ortsschild.

Dreihundert Meter Dorf.

Durchgestrichenes Ortsschild.

Aber die absolute Königsklasse der Kundenbeglückung besteht in der Steigerung der Formel »Ort bei Ort« zu »Ort bei Firma«.

Möchte ein Fahrgast nach Singen, frage ich ihn dann: »Singen bei Maggi?«

Da sind die Augen groß!

Die Wahrscheinlichkeit, dass der Kunde selber tatsächlich für den Würzgiganten arbeitet, wenn er in Singen wohnt, ist sehr hoch. Und wenn sich manche Leute mit irgendwas noch mehr verbunden fühlen als mit ihrem Heimatdorf, dann mit ihrem Lieblingsverein oder ihrer Firma.

Nun ist Maggi ein wirklich bekanntes Unternehmen. Da ich aber meinen Job liebe und das Studium unseres schönen Landes ganz besonders, kenne ich auch die geografische Lage kleinerer Fabriken. Das allergrößte Lächeln zauberte ich somit vor ein paar Wochen ins Gesicht eines übernächtigten Mannes, der sich im Gegensatz zu den meisten Kunden tatsächlich traute, direkt sein präzises Provinzziel zu nennen statt nur die nächstgelegene Großstadt. Er wünschte eine Verbindung nach Eystrup. Sicher war er nicht mal davon ausgegangen, dass ich wusste, wo diese Gemeinde im Bremer Vorland liegt. Aber endgültig wie eine sakrale Erscheinung sah er mich an, als ich sagte: »Eystrup bei Göbber?«

Das ist eine Firma für Saftkonzentrate.

»Da arbeite ich!!!«, rief der Mann aus. »Das gibt's ja nicht!« Wie ferngesteuert vor Freude begann er, ein paar

Schritte lang ein Tänzchen vor unserer Theke aufzuführen, bevor er seine Gefühle wieder in den Griff bekam. Dann folgte die Frage, die mir jetzt gerade auch der Physiklehrer stellt, nachdem er die Verbindung Richtung Gundelfingen in die Innentasche seines Cordsakkos gesteckt hat. Die Frage, die ich immer höre, wenn ich eine genauere Kenntnis von Deutschland offenbare, als nur grob zu wissen, wo die fünf, sechs Millionenstädte liegen. Die Frage, die mich jedes Mal von Neuem erstaunt: »Und das haben Sie einfach alles so im Kopf?«

Am liebsten würde ich auch jetzt dem Physiklehrer antworten: »Guter Mann, was denken Sie denn, was ich für eine Einstellung habe? Das hier ist mein Beruf! Er besteht darin, Orte zu kennen. Und die Wege dorthin. Da sammelt sich einiges an in dreißig Jahren. Sie wissen als Physiklehrer doch auch nicht bloß, wer Albert Einstein war, sondern kennen wahrscheinlich zusätzlich Richard Feynman. Oder Robert Oppenheimer. Was denkt ihr denn alle? Man geht doch nicht arbeiten und lernt nie was dazu! Selbst, wenn man wollte... nehmen wir mal an, einer testet das aus. Einer geht dreißig Jahre arbeiten und hält sich die Ohren zu, sobald es ein neues Detail zu hören gibt. Er will nichts lernen, nichts wissen. Kommt doch mal was durch, stürzt er sich abends in eine 110 Grad heiße Sauna und bleibt so lange drin, bis er in Ohnmacht fällt, um alles, was er am Tage gelernt hat, wieder zu vergessen. Selbst dann wird er nicht der Tatsache ausweichen können, dass irgendetwas hängen bleibt. Wer aber seinen Job liebt und beispielsweise im Elektrofachmarkt arbeitet, kennt jeden Widerstand und jedes Schräubchen, das ihm ein Kunde unter die Nase hält, beim Vornamen. Der kann erzählen, wann das Ding wo von wem hergestellt wurde. Oder er kennt eben Eystrup bei Göbber, wenn er wie ich für die Bahn arbeitet.«

Das sage ich dem Gundelfinger Physiklehrer natürlich nicht.

Stattdessen nur: »Klar doch.«

Der Gundelfinger nickt respektvoll und geht.

Langsam wird es mir ganz schön einsam ohne meine Mannschaft um mich herum.

Annika braucht mit der Neunzigjährigen sicher noch eine Weile.

Außerdem frage ich mich, wann Willi endlich mal wieder vorbeischaut. Das Mysterium um Krefeld ist schließlich immer noch nicht geklärt.

»Entschuldigen Sie bitte?«

Eine Frau um die sechzig steht vor dem Tresen. Sie hat diesen hilfesuchenden Blick aufgelegt, den man auch bei Menschen sieht, die das erste Mal versuchen, die Menüstruktur von McDonald's zu entziffern. In aller gebotenen Sorgfalt legt sie mir ihre Fahrkarten vor. Ein Papier neben das andere, wie Tarotkarten.

»Ist das alles so richtig?«

Ich spüre: Die Frau hat eine Ahnung. Sie vermutet, dass das alles so *nicht* richtig ist. Bevor ich die Sachen überprüfe, frage ich sie daher: »Wo haben Sie die Tickets gekauft?«

»Im Reisebüro.«

Ich versuche, nicht allzu ermattet zu gucken. Wahrscheinlich gelingt es mir nicht. Vorsichtig nehme ich die Fahrkarten in die Hand, so wie ein Archäologe in einem Abenteuerfilm antike Papyrusschnipsel anfassen würde. Es soll nach Salzburg gehen. Das Sammelsurium, welches der alten Dame im Reisebüro verkauft wurde, enthält:

- Eine Fahrkarte für *heute* von Düsseldorf nach München.
- Eine Platzreservierung für *morgen* von Düsseldorf nach München.
- Ein Anschlussticket von München nach Salzburg für *heute in einer Woche*.

Ich seufze.

Die Frau sagt: »Die Damen im Reisebüro meinten, es kann losgehen.«

Sie lächelt seltsam. Halb, als wäre ihr das alles peinlich. Halb, als wären wir zwei die Eingeschworenen, die wissen, dass die Frauen im Reisebüro wahrscheinlich tatsächlich jeden Abend in die 110 Grad heiße Sauna gehen, um sämtliche Lernfortschritte ihres Berufs auch ganz sicher zu vergessen.

»Das Ticket ist prima«, sage ich. »Sie haben auch nur dreißig Euro mehr dafür gezahlt, als wenn Sie's hier im Bahnhof gekauft hätten. Die Platzreservierung können Sie allerdings erst morgen nutzen. Dann gilt das Ticket aber leider nicht mehr.«

Die Frau verzieht den Mund, als habe sie in einem Haps eine halbe Schachtel Stachelbeeren gegessen. Ihre Augen sagen: Habe ich's doch gewusst...

»Der Anschluss ab München gilt außerdem erst für nächsten Dienstag. Sicher, München ist eine schöne Stadt, aber ich finde, eine ganze Woche Aufenthalt zum Umsteigen ist ein bisschen zu großzügig angesetzt.«

»Was soll ich denn jetzt machen?«

Ich prüfe ihre Gepäcksituation. Nur ein mittelgroßer Rollkoffer und eine Handtasche.

»Sie machen einfach, was alle machen, die keine Platzreservierung haben. Einsteigen, glücklich sein.«

»Ja, wo denn?«

Das ist in der Tat eine gute Frage.

»Im Speisewagen«, antworte ich. »Sie steigen ein, direkt am Bordrestaurant, setzen sich an einen Tisch, trinken den ersten Kaffee. Nach vier Kaffee sind Sie in München. Wenn Sie langsam machen. Essen Sie was dazu, Koffein macht hungrig. Keine Sitznachbarn, schöner Fensterplatz. Und ab Stuttgart ist der ganze Zug sowieso leer.«

»Wieso das denn?«

»Stuttgart ist schön, da fahren viele Leute hin.«

»Echt? Waren Sie schon mal da?«

»Nö.«

»Woher wissen Sie das dann?«

»Weil da viele Leute hinfahren.«

Sie legt dezent den Kopf schief und gibt mir den Blick einer Lehrerin, die sagt: »Andreas, du weißt das besser, verkauf mich nicht für dumm!«

Um ehrlich zu sein, war ich durchaus schon mal in Stuttgart. Meine Exfrau und ich sind hingefahren, um die Sonnenfinsternis zu gucken. Schwabens Glanz war damals der beste Ort dafür. Alle Menschen liefen mit den Spezialbrillen durch die Gegend. Für eine Stadtbesichtigung hatte ich allerdings zu wenig Zeit reserviert.

Ich erkläre: »Leute, die direkt nach München wollen, nehmen einen anderen Zug. Sie fahren meistens über Nürnberg, weil das schneller geht. In Stuttgart müssen die Züge alle drehen, das ist ein Kopfbahnhof. Noch. Immer garantierter Aufenthalt. Ein paar Raucher springen dann auf den Bahnsteig wie Taucher, die nach Luft schnappen. Aber die meisten steigen komplett aus. Und Sie haben den Rest der Zeit das ganze Bistro für sich.«

»Ihr Wort in Gottes Gehörgang.«

Ich denke an die Damen, die meiner Kundin im Reisebüro die hochprofessionelle Ticketkombination verkauft haben. Jedes Reisebüro darf Tickets der Deutschen Bahn verkaufen, solange es die Lizenz hat. Und nicht nur Reisebüros. Seit es in vielen kleinen Stationen neben dem Automaten keinen Schalter mit Menschen mehr gibt, vertreiben Kioske, Zeitschriftenläden oder Buchhändler unsere Tickets. Sie nennen sich dann *DB Agentur*. Eine dieser Agenturen habe ich neulich erlebt, als ich selber auf Reisen war. In Witten. Witten bei Bochum. Nein, Entschuldigung, nach meiner Methode muss ich sagen: Witten zwischen Querenburg und Herdecke. Ein prächtiger Ort, ein wundervoller Bahnhof. Wirklich. Ganz ehrlich. In der hohen Halle prangt eine uralte Bierwerbung auf einem riesigen bleiverglasten Buntfenster. Die Marke ist nicht mehr zu erkennen, ich vermute, es handelt sich um Wicküler, was selbstverständlich einen Sinn hätte. Werbung für eine Wuppertaler Marke im Ruhrgebiet. Der Pottler ist nicht egozentrisch. Die Halle hat dreißig Meter hohe Deckenbögen. Die weißen Flecken an sämtlichen Wänden und Vorsprüngen deutet auf eine Quote von 50Tp QM (Tauben pro Quadratmeter). Eine Bäckerei mit Mut zur schlichten Klarheit. Das Sortiment dort, besonders der Kaffee… göttlich. Ab und zu brauche ich ja einen Schluck von dem, was man an solchen Orten Kaffee nennt. Nicht zu vergleichen mit dem Schälchen »Heeßen«, den man im Café Riquet in Leipzig kriegen kann, oder den Annika zu Hause zaubert. Das sind ganz andere Welten. Hier ist der Kaffee, nun… zweckmäßig. Überquillende Mülleimer. Publikum mit herzhaft proletarischem Charme. Und: der Zeitschriftenladen. Die *DB Agentur*. Eine ältere Dame steht vor dem Tresen, über den meistens nur Zigaretten und die BILD den Besitzer wechseln, da 90 Prozent der Kundschaft die Bahntickets am Automaten ziehen. Außer eben ältere Damen. Drei Fachkräfte für Zeitungsverkauf versuchen in gemeinsamer Anstrengung, der Rentnerin eine Fahrt von Dortmund nach Hannover möglich zu machen. Ratlos reden sie miteinander. Zeigen auf den Monitor. Drücken Tasten. Drücken Mäuse. Kratzen sich am Kopf. Drucken etwas aus, prüfen es und werfen es in den Papierkorb. Mission: Impossible, Teil 5. Die brauchen nicht mal mehr die 110-Grad-Sauna.

Meine Kundin ist bei mir gerade besser aufgehoben.

»Das klappt schon«, beruhige ich sie und zeige ihr die Richtung an.

»Sie gehen jetzt rüber ins Reisezentrum und zeigen denen, was Ihnen verkauft wurde. Die schreiben dann einen flotten Dreizeiler in ein Formular, buchen Ihnen das richtige Anschlussticket und geben Ihnen das Geld für die falsche Platzreservierung wieder.«

»Und was mache ich mit dem blöden Reisebüro?«

Wieder eine gute Frage, denke ich.

»Sie kennen Facebook?«

Die Frau nickt.

»Da gibt's zum Beispiel eine Seite von der Deutschen Bahn«, sage ich, »da schreiben uns die Gäste immer schöne Sachen rein. Zum Beispiel: ›Hey, wenn ich mich beim Schwarzfahren auf dem Klo verstecke, muss ich mich jedes Mal voll ekeln. Macht doch bitte mal eure Sanitärräume sauber!‹«

»So was schreiben die?«

»Die netten Exemplare, ja. Worauf ich hinauswill: Das Reisebüro, das Ihnen diese Tickets verkauft hat, betreibt ganz sicher auch eine solche Seite.«

»Ja...¿«

»Sie gehen da auf diese Seite und schreiben was Höfliches rein. So was wie: ›Danke für die tollen Zugfahrkarten mit Platzreservierung für den Folgetag. Es war ein Erlebnis, endlich mal wieder sieben Stunden lang zu stehen, so wie damals als Mädchen beim Rucksackreisen durch Europa. Man kommt viel enger in Kontakt mit den Menschen, wenn man den Weg von Düsseldorf nach Salzburg eingequetscht zwischen großen Männern im Gang auf deren Achselschweißfleckenhöhe verbringt.‹«

»Das grenzt ja an Zynismus.«

»Ja. Damit kommt man weiter als mit Rumheulen.«

Ein neuer Ausdruck schleicht sich in das Gesicht der Frau, die ansonsten Contenance gewohnt ist. Der Ausdruck grimmiger Vorfreude, den man auch bei Zwölfjährigen sieht, bevor sie die Fenster der Nachbarn einschmeißen.

»Ja, das werde ich machen!« Sie packt ihre Papiere und bedankt sich für die Beratung.

Ich sage: »Das ist mein Beruf.«

Das Telefon klingelt.

Ein Kollege, vom Bahnsteig.

»Sag mal, Andreas, ich hatte hier gerade so einen Mann mit Köfferchen, der tobte herum wie Rumpelstilzchen und fragte, wieso zur Hölle er laut der Verbindung, die er an der Info bekommen hat, in einen Zug nach Berlin steigen soll, wenn er nach Frankfurt möchte.«

Meine Kundin will gehen. Ich hebe schnell die Hand, damit sie noch kurz wartet.

»Was hast du gemacht?«, frage ich.

»Ich habe ihn in den Zug nach Frankfurt gesetzt. Nach Frankfurt am Main.«

»Das läuft schon«, sage ich, »er wird ja abgeholt.«

»Andreas, du ...«

»Ich hab Kundschaft«, sage ich und lege auf.

Meine Kundin ist wie gewünscht stehen geblieben.

»Was denn?«, fragt sie.

»Eine Frage habe ich noch an Sie«, sage ich.

»Ja?«

»Wo befindet sich denn das Reisebüro, das Ihnen so überaus kompetent diese Tickets verkauft hat?«

»Bei mir daheim«, antwortet sie. »In Krefeld.«

Mir wird ganz warm ums Herz.

»Ich wünsche Ihnen viel Spaß beim Schimpfen auf Facebook«, sage ich und füge schnell hinzu: »Und wenn Sie in Salzburg ankommen und das Wetter gut ist, besuchen Sie mal den Mirabellgarten. Ist nicht weit vom Bahnhof.«

Die Frau legt erneut den Kopf schief. Dieses Mal nicht wie eine Lehrerin, die mahnt, sondern wie eine, die staunt.

Dann sagt sie: »Und das haben Sie einfach alles so im Kopf?«

Ich nicke und denke daran, wie heute Abend überall in Deutschland der Aufguss zischend über die heißen Saunasteine fließt.

Passt schon

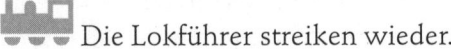 Die Lokführer streiken wieder.

Die neue Welle brach vor ein paar Tagen über das Land, doch trotzdem zeigen sich manche Menschen weiterhin überrascht. Als hätten sie bis eben, als sie den schweren Koffer zum Bahnhof zogen, nichts davon gehört, gesehen oder gelesen. Die Schlagzeilen auf allen Blättern. Die Bilder überfüllter Reisezentren im Fernsehen. Die zehntausend Mal geteilten Pressemitteilungen bei Facebook. Sicher, die Mehrheit bleibt in diesen Tagen ganz routiniert dem Schienenverkehr fern... oder hat sich gezielt den einen Zug rausgesucht, der ihre Strecke noch bedient. Daher ist auch wenig los rund um unseren Informationsbunker. So wenig, dass ich Annika in eine ausgiebige Pause geschickt habe.

Aber wie gesagt, das gelassene Wegbleiben oder Suchen von Alternativen betrifft nur die Mehrheit.

Die Minderheit steht gerade in Form eines zornigen Mannes vor dem Tresen und regt sich auf. Sie hat schütteres, über die Kopfhaut gekämmtes Haar und fuchtelt mit einem schwarzen Schirm. Draußen nieselt es.

»Gucken Sie noch mal nach!«

»Guter Mann«, sage ich und zeige auf mein Display. »Das ist ein PC. Kein Teenager. Da ändert sich die Laune nicht alle fünf Minuten. Da sind die Dinge, wie sie sind.«

»Gucken Sie trotzdem noch mal nach!«

Ich tue so, als ob ich noch mal nachgucke.

Tippe was.

Warte einen Augenblick ab.

Kratze mich am Kinn.

»Es bleibt dabei.«

Der Mann fährt sich mit der Hand durchs lichte Rest-haar. Wirft den Kopf umher. Rollt mit den Augen. Dann fixiert er mich erneut, als wäre ich ein Magnet, der sei-nen außer Kontrolle geratenen Wutschädel wieder gerade ausrichten kann. Er holt tief Luft, hebt den Zeigefinger und unterstreicht damit jede Silbe, die er soeben spricht: »Das ist *mein* Zug. Der fährt immer!«

Der Mann glaubt wirklich, was er sagt. Er ist einer die-ser Kunden, die noch hinter das Weltbild *vor* Kopernikus und Galileo Galilei zurückfallen. Für ihn ist die Erde immer noch das Zentrum des Universums und zwar aus dem ein-zigen Grunde, weil *er* darauf lebt.

»*Ihr* Zug?«, frage ich.

»Ja«, bekräftigt er. »*Mein* Zug, verdammt noch mal!«

»Wo parken Sie ihn denn?«

Der Mann knurrt.

Das höre ich in der Tat selten.

Schnaufen, ja.

Seufzen.

Keuchen.

Den sarkastischen Ausatmer, bei dem immer gleich jede Menge Spucke mitkommt.

Aber ein Knurren? So aus dem Bauchraum, wie bei einem schlecht gelaunten Hund? Interessant…

»Diese… diese… diese sogenannten Lokführer… alle in einen Sack stecken sollte man die!«

Oha. Jetzt geht es wieder los.

Der Mensch findet ein Objekt für all seinen Hass und tobt sich aus.

»Alle in einen Sack stecken und immer drauf, bis die Knochen knacken. Da treffen Sie immer den Richtigen!«

Ich fühle, wie mir in der Magengegend warm wird.

Nicht die schöne Wärme von Kaffee oder netten Begegnungen, sondern die beißende, zehrende, von innen bis in die Kehle greifende Hitze echten Ärgers. Ja, es ist nicht schön, dass dieser Streik uns allen wieder mal für einige Zeit das Leben erschwert. Aber wenn Menschen nicht nur leise davon träumen, anderer Menschen Knochen knacken zu lassen, sondern das auch noch schamlos in der Öffentlichkeit sagen, hört es für mich auf.

In Wahrheit freuen sich Männer wie dieser Kunde darüber, endlich ein »legitimes« Hassobjekt gefunden zu haben. Und die Medien stacheln diesen Ungeist kräftig an. Terrorismus? Wirtschaftskrise? Folter? Bürgerkrieg? Alles unwichtig. Nur die Lokführer sind noch Thema, die Inkarnation des Bösen. Die Schuldigen, auf die jeder seine ganz persönlichen Wutvorräte abladen kann. Fast könnte man meinen, die Politik setze sich heimlich mit den Kollegen zusammen und böte ihnen unverschämte Summen, damit sie einige Zeit freiwillig den Sündenbock spielen, während die Regierung an der aufgebrachten Wutmenge vorbei irgendwelche schwierigen Maßnahmen durchdrücken kann. So, wie in dem großartigen Film *Wag The Dog* eine »skandalöse Affäre« des Präsidenten »aufgedeckt« wird, damit in Wahrheit von einem neuen Krieg abgelenkt werden kann.

Ich frage: »Geht es Ihnen jetzt besser?«

Der Kunde hebt seinen Schirm: »Eines Tages sitzen Sie nicht mehr hier!«

»Das ist das eine, was sicher ist«, entgegne ich. »Das andere ist die Steuer.«

Der Mann hebt das erste Mal seit zehn Minuten den Blick. Er schaut auf der Anzeigetafel nach, welche Verbindungen ihn abseits »seines« Zuges heute noch ans Ziel bringen könnten. Ist ja nicht so, als stünde das Land völlig still. Trotz des Streiks stehen immer noch mehr Verkehrsmittel zur Verfügung, als bei Normalbetrieb in ganz Kasachstan über die weite Ebene rattern.

Der Kunde schaut mich verächtlicher an als ein Leergutsammler eine Orangensaftflasche ohne Pfandwert.

»Was kostet der IC nach Frankfurt?«, blafft er.

Ich neige meine flache Hand langsam von links nach rechts und wieder zurück und spitze dabei die Lippen. »Hm, der Intercity, dreißig Jahre alte Substanz, defekte Klimaanlage, dafür zuverlässiges Getriebe... ich würde sagen, wenn die Gastro aus Kulanz noch sämtliche Schokoriegel und das gesamte Bier drinlässt, so rund zwei Millionen. Bei Barzahlung. Ohne Quittung. Anderenfalls wird es teurer.«

Der Kunde nickt, mit schmalen Augen, als wolle er sagen: Gut, mein Freund, Sarkasmus kann ich auch.

»Danke«, sagt er, »aber ich brauche nur einen Sitz.«

»Das wird schwierig«, sage ich. »Wenn ich den rausschneiden lasse, habe ich zu großen Wertverlust.«

Jetzt knurrt er wieder. Schaut rüber zum Buchladen. Öffnet den Schirm. Schließt ihn. Schaut finster. Fragt: »Und wann fährt denn endlich mal wieder etwas?«

»In zwölf Minuten auf Gleis 16.«

Bevor er wieder die Stimme heben kann, sage ich: »Ja, mit der Fahrkarte, die Sie gekauft haben, können Sie mitfahren. Ganz sicher. Stand im Internet. Streiken ja nicht alle.«

Sein Blick bleibt finster. Wegen der bösen Lokführer wird er ungeplant eine ganze Stunde früher ankommen. Aber man sollte sie ja alle in einen Sack stecken, wie der Herr meinte. Ein letztes Mal prüft er seinen Schirm auf reibungslose Funktionsweise. Dann zieht er gruß- und danklos von dannen.

Auf seinem Weg in die Tiefen des Bahnhofs rennt er Annika fast über den Haufen, die ihre Pause anscheinend beendet und den Magen gefüllt hat. Ein kleiner Mann ist bei ihr.

Willi.

Er strahlt, als schwebten draußen Einhörner durch die Nachmittagssonne und würfen gratis Zuckerstangen in die Bevölkerung.

»Andreas!«

»Willi!«, rufe ich. »Heute so gute Laune?«

Annika schiebt sich elfengleich hinter unsere Theke.

Willi sagt: »Klar. Wer niemals fährt, bleibt unantastbar.«

Ich sage: »Gerade war ein Mann hier, der muss aus Krefeld stammen. Hat einen Massenmord an Lokführern angekündigt. Mit Knüppeln und Säcken. Und in den Reisebüros dort verkaufen sie absichtlich Tickets, die nicht zusammenpassen.«

Willi winkt ab: »Massenmordtagträume und Ticketschlamperei gibt's auch überall.«

Ein neuer Mann schüttelt aus dem Hintergrund seine Faust und ruft: »Früher war ich Fahrgast! Jetzt bin ich Laufgast! Schönen Dank auch!«

»Laufen ist gesund!«, ruft Willi zurück.

»Willi!«, ermahnen Annika und ich ihn gleichzeitig.

»Ja, ist doch wahr«, sagt Willi. »Was wollen die eigentlich alle? Eine Diktatur? Das Streiten und Streben sind die Säulen unserer Gesellschaft. Da muss man eben mal geduldig bleiben und Zimtschnecken essen. Die Bäcker streiken nämlich nie parallel zu den Lokführern. Oder?«

So flapsig es klingt, spricht Willi doch ein weises Wort.

Sicher freut es mich wenig, in Zeiten des Streiks an vorderster Front den menschlichen Deich gegen die Flut aus Zorn mimen zu müssen. Aber ich muss zugeben: Je mehr ich von Leben, Logistik und Lohn des Lokführerdaseins erfahre, desto besser verstehe ich die Kollegen. Die auf den ersten Blick ärgerliche Tatsache, dass Verhandlungen lange dauern und immer »viel zu viele« Parteien mitzureden haben, kann man tatsächlich auch positiv sehen. Im Bundestag dauern die Verhandlungen ebenfalls lange, und viele geben ihren Senf dazu. Genauso in Brüssel oder in New York bei den Vereinten Nationen. Das ist anstrengend, zäh, undurchsichtig und selbst für die aktiv Beteiligten nur mit Nerven aus koffeingetränktem Stahl zu überstehen. Im Ergebnis aber führt es dazu, dass alle diese Menschen und Interessengruppen und Nationen von Sitzung zu Sitzung und von Nachtschicht zu Nachtschicht friedlich miteinander leben. Was passiert, wenn Verhandlungen nicht mehr lange dauern, niemand mehr miteinander spricht und man ungefragt ganz fix zum »Handeln« übergeht, kann man in den Kriegsgebieten dieser Erde beobachten. Oder jeden Bundesliga-Samstag hier am Bahnhof, wenn von Fangruppe zu Fangruppe die Flaschen fliegen.

Da ich eben an koffeingetränkte Nerven gedacht habe, bekomme ich Kaffeedurst und suche mir einen Vorwand, um mir die Beine zu vertreten.

»Hier passiert gerade nicht viel«, sage ich. »Ich gehe mal kurz den Bahnsteig begutachten.«

Annika nickt fürsorglich: »Lass dir Zeit.«

Willi lehnt sich leger an die Theke.

»Ich bleib hier«, sagt er. »Falls wieder ein Kunde kommt, der mit Knüppeln auf Säcke einschlagen will.«

Meine Annika in guten Händen wissend hole ich mir meinen XXL-Becher schwarzes Glück und schlendere durch den Bahnhof. Es sind in der Tat nur wenig Reisende auf Achse. Die Pendler haben ihre Routen gefunden und brauchen den Bahnhof nicht, um sich wie der cholerische Schirmherr der Wutbürger auszutoben. Ich fahre mit der Rolltreppe hinauf auf einen Bahnsteig, der tatsächlich bedient wird. Ein Regionalexpress steht auf den Schienen. Dankbar steigen die Menschen ein, schieben Kinderwagen durch die Türen, reichen ihrer Schwiegermutter Einkaufstaschen an. Nur ein kleiner Giftzwerg ist augenscheinlich nicht glücklich darüber, dass der rote Doppeldecker abfahrbereit ist. Ganz im Gegenteil. Kaum höher als die Bahnsteigkante steht der Mann neben dem Triebwagen und beschimpft den Lokführer durchs halb geöffnete Fenster.

»Du beschissener Verräter! Gottverdammtes Kameradenschwein!« Die Adern treten an seinem Hals hervor wie die Wurzeln alter Bäume aus dem Rasen des Volksparks. Nervös rennt er auf der Stelle umher und schaut sich um, als suche er Wurfgeschosse, die er ins Cockpit des Zuges werfen kann. »Weißt du, was du bist, du Streikbrecher? Ein Kapitalistenknecht! Nichts weiter! Ein mieser, den Bossen in den Arsch kriechender Kapitalistenknecht!«

Ich nähere mich.

Der Lokführer hinter der Scheibe hört sich an, wie sein Berufskollege ihn auf dem Bahnsteig beschimpft, als habe auch er wie der Schirmherr vorhin das Recht erworben, die zarte Haut der Zivilisation von sich abzuwerfen und seine Mitmenschen ungezügelt fertigzumachen.

»Bonzenhure!«, bellt der kleine Choleriker.

Ich gehe auf ihn zu in der Absicht, hier die Lufthoheit zu übernehmen.

»Wir fahren gleich«, sagt der Lokführer.

Und der Kleine, das Wutpaket, der schimpfende laufende Meter, der bis eben seine Verachtung für den Streikbruch in übelster Weise kundgetan hat, was macht er?

Er tippelt zur Tür des ersten Waggons und steigt in den Zug.

Auf dass sein mieser Kapitalistenknecht von Kollege ihn bitte nach Hause fährt.

Meinen Becher in der Hand schaue ich mir die Aktion an, fassungslos umflort von den duftenden Dämpfen des Kaffees. Es dauert einen Moment, bis ich mich gefangen habe und an den Lokführer wende: »Öhm, Kollege, dir ist klar, dass du in deinem Zug Hausrecht hast, oder? Wenn du möchtest, hole ich dir den Giftzwerg gerne noch eben da raus.«

Nicht mal eine halbe Sekunde braucht der gute Mann, um sich mein Angebot zu überlegen. Gütlich winkt er ab, dankbar lächelnd. »Ach was«, sagt er. »Passt schon!«

Die Türen piepen und schließen sich.

Der Zug setzt sich in Bewegung.

Ich sehe ihm nach, bis er den Bahnsteig verlassen hat und am Gleishorizont verschwindet. Beladen mit glücklichen Gästen und einem geifernden Giftzwerg, der sich nicht zu schade dafür ist, von einem dreckigen Streikbrecher chauffiert zu werden. PASST SCHON.

ZWEITE PAUSE

Nudeln mit Nutella

Eine Woche Urlaub.

Herrlich.

Bis mittags im Bett liegen, die Katze auf dem Bauch. Pizzakarte rauf und runter. Die Festplatte aufräumen und dabei an fünfzehn Jahre alten Computerspielen hängen bleiben. Durch die Parks spazieren und Spinnen für schillernde Nahaufnahmen suchen. Oder über die verfallenen Gleise, wo die Birken aus dem Schotter wachsen.

Das mache ich alles später.

Heute fahre ich erst mal Zug.

Unwahrscheinlich, dass andere Leute sich in ihren Ferien ebenfalls freiwillig in den Dunstkreis ihrer Arbeit begeben. Ich stelle mir das gerade so vor, während der ICE einfährt. Lehrer schleichen auf den Schulhof, weil sie ihn einmal in himmlischer Stille erleben wollen, und pflanzen Geranien in die Rabatten. Getränkehändler stehen zwischen den Kistentürmen vor einem Klapptisch mit neutralen, weißen Bechern und spielen miteinander »Mineralwassersorten raten«. Burgerkönige radeln nicht aufs Land zum guten Gasthof, sondern halten für ihren Imbiss freiwillig bei ihrem Arbeitgeber. Kaum vorstellbar.

Aber Zug fahren, wenn man nicht muss und keine Termine hat? Es gibt kaum Besseres! Man ist der Fels in der

Brandung aufgeregter Zeitsklaven. Jeder andere ist gehetzt und hat ein Ziel, einen Zweck der Reise.

Ich reise zwecklos und tiefenentspannt.

Der Zug hält. Die Menschen drängeln sich vor den Türen. Beim ICE ist es nicht ganz so schlimm wie bei den Regionalzügen, aber auch hier kann man beobachten, was Albert Einstein mit der Relativität von Zeit und Raum gemeint hat. Obwohl alle wissen, dass der weiße Flitzer nicht eher wieder abfahren wird, bis alle Aussteigenden raus und alle Einsteigenden drin sind, herrscht unter den Menschen auf dem Bahnsteig Panik statt Logik. Fährt der Zug am Horizont ein, sind viele überzeugt davon, seine Anfahrt beschleunigen zu können, indem sie möglichst nahe an die Bahnsteigkante herantreten und dort leicht vornübergebeugt, den Blick in Zugrichtung und mit vorwurfsvoll verschränkten Armen, auf den Fersen wippen. Steht der Zug am Gleis, glauben die Leute, dass die Fahrgäste, die aus dem Zug aussteigen, schneller wegkommen, je enger man den Korridor gestaltet, durch den sie sich beim Verlassen des Zuges hindurchquetschen müssen.

Ich lasse einem jungen Mann, der mich ohnehin fast umrempelt, den Vortritt und steige gemächlich in den Zwischenraum. Links geht's ins Großraumabteil der zweiten Klasse, rechts ins Bordrestaurant. Neben mir wirbt eine Leuchtkastenreklame für einen unserer vielen tollen Sondertarife samt Städtereise ins Ausland. Mein Ziel ist heute bloß Stuttgart. Nachdem ich der Kundin mit den drei nicht zueinander passenden Tickets neulich sagte, es sei so schön dort, möchte ich nachträglich Gewissheit haben und mehr von der Stadt sehen als damals beim kurzen Sonnenfinsternistrip. Besagte Dame kam übrigens eine Woche später wieder vorbei und erzählte mir, dass sie dem Reisebüro ein paar »nette Worte« ins Facebook geschrieben hatte. Der Eintrag wurde acht Minuten später gelöscht. Hat ihnen wahrscheinlich nicht so gefallen, die Sache mit dem Zynismus. Jedenfalls: Stuttgart. Die Berghänge um die Stadt sollen mit seltsamen Treppenaufgängen, den »Stäffelen«, versehen sein. Deshalb nennt man die Stuttgarter auch »Stäffelesrutscher«. Das würde ich zum Beispiel gerne mit meiner Nikon ablichten. Lauter rätselhafte Treppen am Hang.

Der junge Mann, der es gerade beim Einsteigen so eilig hatte, steht immer noch ratlos vor mir im Flur herum. Graublaue Turnschuhe, enge Jeans, schwarzes T-Shirt, leichte Stoffjacke mit Reißverschluss, Umhängetasche. Und dieser Blick.

Oh ja.

Diesen Blick kenne ich.

Man sagt dieser Generation ja nach, sie sei im Leben grundsätzlich unentschlossen. Es heißt, sie wolle sich sämtliche Chancen stets offenhalten und sei deswegen unfähig geworden, sich überhaupt mal für irgendwas zu entscheiden.

Ich weiß nicht, ob das da draußen im Leben stimmt.

Aber es stimmt auf jeden Fall hier drinnen im Zug.

Der junge Mann beginnt, nach einem Platz Ausschau zu halten. Eine Reservierung hat er sich nicht gekauft. Das wäre eine in der Tat radikale Festlegung gewesen und dann auch noch auf gut Glück. Man weiß doch nicht, neben wem man schließlich zu sitzen kommt. Und dann muss man da bleiben, weil man doch bezahlt hat. Also macht der junge Mann erst mal ein paar Schritte in Richtung Eingang des Bordrestaurants. Halbherzig inspiziert er die Tische. Fast alles noch frei. Der junge Mann zögert. Denkt sicher an die Preise. Für eine große Tasse Kaffee hier kriegt er im Restpostenmarkt ein ganzes Pfund. Außerdem wird die Kellnerin ihn nach der ersten Tasse fragen, ob es noch etwas sein darf, und dann wird er wieder nicht ablehnen können. Also umdrehen und rein in das Großraumabteil links von uns.

»Entschuldigung«, sagt er, als er sich an mir vorbeischiebt.

Ich habe das Abteil, das er ansteuert, in der Zwischenzeit gecheckt. Ganze zwölf Plätze sind frei, doch ich wette, er wird keinen davon nehmen, selbst dann nicht, wenn die Reservierungsdisplays dunkel sind.

Das schaue ich mir noch an, bevor ich mich in die Gastronomie setze.

Der junge Mann schleicht durch den Mittelgang.

Erster freier Platz, am Gang, in einer Zweierreihe. Das Fenster ist von einer Frau besetzt, die Kreuzworträtsel löst. Sie hat ihre Handtasche auf den Sitz neben sich gelegt. Eine Bitte, und sie würde das Ding wegnehmen.

Was macht der junge Mann?

Er zieht weiter.

Zweiter freier Platz, am Fenster, in einer Vierertischgruppe. Eine Seite des Tisches ist von einem Pärchen besetzt, das Händchen hält. Auf der anderen spielt ein junger Mann mit Kopfhörern auf dem Display seines Handys herum und sucht Musik aus. Einmal locker auf seine Schulter getippt und auf den Platz am Fenster gedeutet, und er würde sicher kurz aufstehen.

Was macht der junge Mann?

Er zieht weiter.

So geht es Platz für Platz.

Irgendwo habe ich mal gelesen, dass es Untersuchungen

darüber gibt, wie Menschen sich im Raum verteilen. Auf den Bänken einer Wartehalle zum Beispiel. Oder eben hier, im Zug. Sie wählen immer erst den Abstand zueinander. Nicht zu viel und nicht zu wenig. Ein, zwei Plätze oder sogar ein, zwei Reihen, wenn gar nichts los ist. Meistens ist allerdings viel los, und dann *wäre* es natürlich vollkommen legitim, sich neben jemanden zu setzen. Oder sich solange in eine komplett freie Reihe zu setzen, bis die Reservierung, die über ihr eingeblendet wird, tatsächlich in Kraft tritt. Denn jetzt gerade, da liest der junge Mann auf dem winzigen Display sicherlich einen Reservierungseintrag wie »Köln – Stuttgart«. Das bedeutet, dass erst ab Köln die Menschen einsteigen, um diese herrlich freien Plätze zu besetzen. Bis dahin könnten sie ganz legal ihm gehören. Aber, natürlich, was macht der junge Mann?

Er zieht weiter.

Vielleicht liegt es daran, dass die Väter mit ihren Söhnen kein echtes Camping mehr machen. So richtig, meine ich, mit rudimentärsten Mitteln. Nur ein paar Rucksäcke auf den Schultern und, wenn nötig, auch ein paar Nächte im Wald. Wer nach langem Marsch am kühlen Abend mit glühenden Füßen irgendwo ankommt, dem schmeckt die Tomatensuppe aus der Konserve wie ein Festtagsmahl. Wer nach drei Tagen ohne Dusche und Klo einen heruntergekommenen Campingplatz findet, der genießt den Wasserstrahl unter der rostigen Brause auf den teufelsbraunen Fliesen wie ein Wellnessbad. Pfeifend knetet er hinter den düsteren Sanitärräumen an der Spüle seine Klamotten mit der Waschpaste durch, nimmt einen Schluck Bier aus der Dose, atmet den Duft der Kiefern um ihn herum und stellt fest, dass er glücklich ist. Stellt fest, dass man je nach Situa-

tion *alles* hat, was man braucht, wenn man es denn nur zu
sehen lernt.

Oder man wächst auf wie der junge Mann hier im Zug,
schwankt haltlos und halbherzig durch die Gegend und beschwert sich bei der Ankunft darüber, dass »wieder mal
kein einziger Platz« frei war.

Ich lasse den Unentschlossenen schwanken und betrete das
Bordrestaurant. Immer noch sind viele Nischen frei. Zwei
alte Freundinnen haben sich an einen Zweiertisch gesetzt
und erzählen sich die Neuigkeiten der letzten Zeit in so
hohem Tempo, als könnte die Reisezeit dafür niemals aus-
reichen. Ein Rentnerpaar mit Enkelin streicht an ihrem Vierertisch die Decke glatt und bestellt gerade so herzhaft wie
entschlossen Königsberger Klopse und Kartoffel-Lauch-Eintopf mit Rauchwurstscheiben. Dazu eine Apfelschorle für
die Dame und ein Pils für den Herrn. Nur die Kleine, ein
fünfjähriger Lockenschopf, weiß noch nicht genau, was sie
will. Die Kellnerin empfiehlt die Kinder-Snackbox mit Pizza
Salami oder Nudeln in Tomatensoße. Das Mädchen ist
nicht überzeugt. Ihre Oma sagt: »Bringen Sie einfach schon
mal die Getränke und warten Sie mit dem Essen, bis unsere
Enkelin weiß, was sie will.«

Ich mache es mir ebenfalls an einem Zweiertisch am Fenster gemütlich und bin froh, dass ich keine Dienstkleidung
trage. Fahren und Flanieren: ja. Sich zu erkennen geben? Niemals! Wer Urlaub hat, beobachtet, genießt und schweigt.

»Und bei Ihnen?«, fragt mich die Kollegin, äh, Kellnerin.

»Großer Kaffee und die belgische Waffel, bitte.«

»Kommt sofort.«

Ich lehne mich zurück.

Der Zug hat Fahrt aufgenommen.

Am Fenster zieht das einzigartige Panorama vorbei, das man nur entlang der Gleise findet. So, wie es andere Stimmungen nur an Ufern zu sehen gibt. Eine Mischung aus Wildwuchs, Niemandsland und verfallenen Gebäuden. Meterhohe Disteln neben graffitibesprühten Ruinen, von denen selbst ich oft nicht nachvollziehen kann, wozu sie der Bahn einst dienten. Meterhoher Bärenklau. Gruselige Kleingartenanlagen.

Ich bekomme meinen Kaffee und die Waffel.

Die Enkelin nebenan hat sich immer noch nicht entschieden. Sie offenbart ihrer Oma unfreiwillig, was deren Tochter im Alltag mit ihr anstellt.

»Nein, Süße, Nudeln mit Nutella haben sie hier nicht. Macht die Mama dir so was etwa？？？«

Der unentschlossene junge Mann hat sich mittlerweile sicher schon durch den dritten Waggon mit zwölf freien Plätzen gearbeitet. Dabei könnte er schon seit zehn Minuten gemütlich sitzen. Er könnte es richtig machen wie die Rentner, die gleich in aller Ruhe ein deftiges Mittagessen zu sich nehmen werden. Oder wie die Freundinnen, die um elf Uhr vormittags Weinglas an Weinglas stoßen.

»Man muss das Geld mit warmen Händen geben«, sagt Annika immer.

Ich stelle mir vor, wie ich dem Unentschlossenen seinen Geiz austreibe.

»Belgische Waffel und Kaffee machen 7,70 Euro«, würde ich ihm sagen. »Nehmen wir an, in deiner Mensa an der Uni zahlst du dafür nur 3,50 Euro. Die sind's dir aber wert. Dann bleiben noch 4,20 Euro übrig und zwar dafür, dass du drei Stunden Stress vermeidest. Gemütlich sitzt. Die Gedanken schweifen lässt. Manche Leute sind an so einem Tisch auf große Geschäftsideen gekommen.«

Aber warum denke ich eigentlich über ihn nach?

Ich habe bereits einen Schützling, den ich lebensfähig mache. Fabian.

Der ältere Herr fällt mir ein, der Wildgerichte bei der Deutschen Bahn einführen wollte. Ich schaue in der Karte nach, ob er schon Erfolg gehabt hat. Neu ist der »unbeschwert köstliche« Couscous-Salat mit herzhaftem Paprika-Chutney. Wohl eher nicht.

Der erste Halt.

Köln.

Geliebte Geißbockstadt.

Ich schaue aus dem Fenster und begrüße den Dom. Das mache ich immer so. Annika verwundert das völlig. Ich sage dann immer: »Ich darf doch wohl ein großartiges Haus bewundern, auch wenn ich mit den Bewohnern nichts zu tun habe.«

Auf dem Bahnsteig flattert die nervöse Masse Mensch.

Ein Pilger rasiert mit einer einzigen Drehung seines gigantischen Rucksacks ein halbes Dutzend Umstehender darnieder.

Ein Handytelefonierer rennt ungebremst gegen die schmale Seite der Fahrplantafel.

Eine Mutter mit Buggy ist auf der Jagd nach frischen Achillesfersen.

Die Großeltern sind immer noch nicht dazu gekommen, ihre Königsberger Klopse und den Kartoffel-Lauch-Eintopf mit Rauchwurstscheiben zubereiten zu lassen, weil die Enkelin mit unerfüllbaren Wünschen spielt.

»Leonie, wenn du so weitermachst, bestellen Oma und Opa sich ihr Essen ohne dich.«

Der Zug fährt wieder an.

Ich verabschiede den Dom.

»Noch eine Runde«, rufen die Freundinnen am Zweiertisch hinter mir und kichern weißweinselig.

Mein Blick fällt auf das Symbol, das über den Fenstern klebt. Ein durchgestrichener Laptop.

Der Zug fährt wieder an. Ein Schrank von Mann betritt das Restaurant. So hoch wie ich, dabei aber so breit wie ein Klafter Kaminholz. Das blütenweiße Hemd spannt unter dem schwarzen Sakko. Ein schwarzes Plastikstäbchen wächst ihm aus dem Ohr. Ohne zu zögern, setzt er sich alleine an einen freien Vierertisch, legt seinen Aktenkoffer darauf, schält sich das Sakko vom Körper, schnippt mit den Fingern und ruft, ohne hinzusehen: »Junge Frau!«

Bis die Kellnerin kommt, baut er den Tisch zu seinem Büro um. So sorgsam wie frech breitet er Papiere, Notizblöcke und Akten aus. Nur in der Mitte vor sich lässt er ein wenig Platz frei. Ah ja, da kommt jetzt zum Schluss sein Laptop drauf. Dieser Mann ist das Gegenmodell zum unentschlossenen Jungen, der durch die Gänge schwankt. Ein radikaler Raumgreifer.

»Pudding und Würstchen!«, ruft Enkelin Leonie.

»Nein.«

Der Rechner des Mannes fährt hoch. Den Blick auf dem Bildschirm ruft er:

»Hallo? Keiner da bei der Deutschen Bahn?«

»Gummibärchen mit Salami!«

»So, jetzt reicht's. Jetzt rufe ich meine Tochter an!«

»Henriette …«

»Nein, Klaus, ernsthaft.«

Der Zug fährt los.

Die Kellnerin kommt.

»Was darf's …«, setzt sie zur Frage an, doch der Raumgreifer hebt die rechte Hand und drückt mit der linken an den schwarzen Plastikstab in seinem Ohr.

»Dirk? Ja. Ich bin im Zug.«

Besagter Dirk spricht in dem kleinen Ohrenstab.

Die Kellnerin macht eine minimale Bewegung, die so wirkt, als wolle sie erst einmal die anderen Gäste weiterbedienen. Der Raumgreifer reißt die Hand hoch, frei nach dem Motto: hiergeblieben, Frollein!

»Ja. Nein. Das habe ich dem Monsenstein ganz klar gesagt. Ja, das kannst du dem Kieswetter sagen, dass ich das dem Monsenstein gesagt habe! Dieser Affe!«

Während er schimpft und wir von seiner Macht alle sehr berauscht sind, scrollt und klickt er mit der rechten Hand auf seinem Monitor herum. Mit der linken nimmt er die Karte des Bordrestaurants, klatscht sie auf den Tisch und tippt auf zwei Positionen. Die Kellnerin notiert es. Er pfeffert die Karte an den Tischrand, statt sie wieder in den Kartenhalter zu stecken. Sie rutscht unter den Tisch.

Nun gibt es also doch Wild im Bordrestaurant, denke ich. Leider handelt es sich bloß um Platzhirsch.

Der Platzhirsch bellt in den Hörer: »Nein. Ja. Sag ihm: letzter Winter. Ja, letzter Winter. Dann weiß er schon Bescheid. Mach einfach. Ja. Tschüss.«

Er berührt erneut den Ohrenstab.

Auch am Tisch der Rentner ist das Mobiltelefon nun in Aktion. »Julia? Ja, hier spricht deine Mutter. Sag mal, kochst du deiner Tochter auch mal etwas oder gibt es bei euch tatsächlich nur Gummibärchen mit Salami und Nudeln mit Nutella?«

Das war's dann mit der Ruhe im Restaurant.

Der Raumgreifer hackt etwas in seine Tastatur und

brüllt: »Das haben Sie schon gerade gesehen, was ich bestellt habe, junge Frau? Ja?«

Ich lege zehn Euro unter meinen Kaffeetassenteller und beschließe, mir ein wenig die Beine zu vertreten. Wie Annika sagen würde: Der Platzhirsch versaut das Feng-Shui.

Gelassen spaziere ich durch das erste Großraumabteil, das der junge Mann der Generation Unentschlossen vorhin durchquert hat. Die freie Sitzreihe, auf deren Display er starrte, ist tatsächlich ab Köln reserviert. Trotzdem sitzt keiner drin. Am Ende des Waggons folgt auf eine schmale Flurstelle das Klo. Im nächsten Waggon ruft ein Kontrolleur: »Die Fahrscheine bitte!«

Eine Frau im roten Strickpulli steht auf und hat es plötzlich überaus eilig, auf die Toilette zu kommen. Das WC ist frei. Tür auf, Tür zu. WC besetzt. Und das ganz sicher, bis die Kontrolle vorbei ist. Ticketkosten fördern die Verdauung.

Die anderen Fahrgäste im Abteil reagieren auf die angekündigte Kontrolle auf vielsagende Weise. Wie beim Warten am Bahnsteig verrät auch hier der Grad unnötiger Panik einiges über die Persönlichkeit.

Gelassene Personen, die früher mit dem Vater campen waren, warten nun einfach ab, bis der Kontrolleur sich auf einen Sitz Entfernung an sie herangepirscht hat, und ziehen dann erst den Fahrschein oder den Online-Ausdruck samt EC-Karte aus der Tasche. Schließlich dauert es nicht länger als zwei, drei Sekunden.

Andere wiederum scheinen zu glauben, dass der Kontrolleur wie ein Mutant aus einem Comic blitzartig durch den Waggon teleportieren kann und sicher gleich jeden Moment unmittelbar vor ihnen auftaucht, um sie zu überrumpeln. Daher halten sie ihre Papiere bereits in beiden Händen auf dem Schoß zum Vorzeigen bereit, wenn der arme Kollege noch fünfzehn Sitzreihen auf dem Weg zu ihnen vor sich hat. Kerzengerade sitzen sie da wie katholische Dorfschüler aus Rohrstockzeiten. Die »Kontrolle« hat für diese Art von Kunde etwas dermaßen Offizielles, als wären Ticketprüfer dazu autorisiert, bei Verstößen standrechtliche Erschießungen auf halber Strecke vorzunehmen. Das Gegenteil davon stellen die Dummdreisten dar, die grundsätzlich ohne Ticket einsteigen und sagen: »Ich wollte gerade sowieso zu Ihnen. Ich brauche noch eins!« Sie wissen, dass es im Ermessen des Kontrolleurs liegt zu entscheiden, ob der Fahrgast sich rechtzeitig gemeldet hat oder die Fahrt im wahrsten Sinne des Wortes »aussitzen« wollte. Meistens ermessen die Kollegen dann gütlich. Die vierte Art von Reaktion ist die spontane Durchfallerkrankung der konsequenten Schwarzfahrer, die sich ein Ticket selbst bei Auftauchen der Uniform nicht leisten wollen oder können. Die fünfte und würdeloseste Art des Verhaltens bei Ticketkontrolle allerdings ist das, was ich nun gerade beobachte: das mobile Messietum.

»Ja, warten Sie, Augenblick. Irgendwo hier habe ich sie ...«

Der Kontrolleur steht neben einem Fahrgast, der gerade seinen Rucksack auspackt. Er hat zwei Sitzplätze allein für sich, doch haben diese schon bis eben nicht gereicht. Zeitschriften und leere Flaschen liegen herum. Ein Kapuzenpullover. Stifte. Jede Menge Kabel. Eines dient zum Laden des Handys, ein anderes hat womöglich mit einer kleinen Spielkonsole zu tun. Trotzdem verknoten sich gerade noch vier, fünf Stück mehr. Der Inhalt seiner Tasche ist Technik-Spaghetti. In dem Durcheinander hängen Socken wie Vogelnester in Berberitzenbüschen.

Der Kontrolleur rollt mit den Augen.

Als Mann mit Erfahrung weiß er: Der mobile Messie *hat* ein Ticket.

Er schauspielert nicht. Er kann es tatsächlich nur nicht finden. Jedenfalls nicht sofort.

»Ist gleich so weit…«

Mein lieber Nachbar Fabian leidet auch unter diesem Phänomen. Autos, Zugabteile, Hotelzimmer… jeden Raum, den er nur für eine gewisse Zeitspanne belegt, verwandelt er innerhalb weniger Minuten in ein Wimmelbild. Vielleicht hat es mit uralten steinzeitlichen Eroberungsinstinkten zu tun. Wo das Wimmelbild ist, bleibt kein Platz mehr für Eindringlinge. Und selbst wenn, würden sie ohnehin nichts finden.

Der Unentschlossene betritt den Waggon und schiebt sich am Kontrolleur vorbei. Kurz prüft der Mann das Gesicht: »Ach ja, Sie habe ich schon gesehen.«

Sicher ist der Junge mittlerweile durch den ganzen langen Zug gestolpert, und nirgendwo »war ein Platz frei«. Ich überlege kurz, ihm eine Runde Königsberger Klopse auszugeben und ihm beizubringen, wie man das Leben bei den Hörnern packt. Nein, Andreas! Du hast Urlaub! Du hältst dich raus!

Der Unentschlossene rauscht von selber Richtung Restaurant. Das macht mich nun aber doch neugierig, ob er sich überwinden wird, endlich Platz zu nehmen, oder ob er dort endet, wo es auch alle seine Artgenossen tun: im verkrampften Schneidersitz auf dem Flur neben der Tür. So dass die Leute beim Einsteigen schon denken, die Plätze sind alle voll… und sich auch in die Flure hocken. Ich habe schon Züge gesehen, in denen waren nach zwei Stunden dieser teuflischen Wahrnehmungsspirale die Waggons leer wie direkt nach der Fabrikation und die Flure überfüllt wie Hörsäle im ersten Semester.

»Hier!«, ruft der mobile Messie. »Ich hab's! Hier ist das Ticket! In der Brötchentüte! Ach nein, das ist von letzter Woche ...«

Ich folge dem Unentschlossenen zurück ins Restaurant.

Die Freundinnen sind mittlerweile vollkommen betrunken.

Henriette diskutiert immer noch mit ihrer Tochter: »Nein, *du* hörst mir jetzt zu! Ich habe dich nicht so erzogen, dass du beim *Frauentausch* mitmachen könntest. Deine Tochter kriegt jetzt hier im Zug den Salat Vital! Mit Pinienkernen! So was hat sie wahrscheinlich noch nie gesehen!«

Der Unentschlossene steht einen Augenblick zwischen den Tischen und schließt kurz die Augen. Für einen Moment sieht es so aus, als könnte er sein Leben ändern. Sich selber ernst und im wahrsten Sinne des Wortes Platz nehmen. Dann ist der Moment vorüber. Er trottet mit hängenden Schultern aus der Tür und sinkt im Flur vor der Tür auf dem Teppich nieder.

Die Kellnerin versucht, auf dem Schreibtisch des Platzhirschs irgendwie den Teller mit Rostbratwürstchen unterzukriegen. Er telefoniert wieder.

»Weißt du, was der Kieswetter ist? Ein feiger Hund ist das! Ein Mistkäfer! Dass bei ihm zu Hause seine Olle die Hosen anhat, geschenkt! Aber nicht mal in der Firma kann der sich gerade machen? Warte mal ...« Verächtlich schiebt er den Teller mit der Hand weg. »Hab ich nicht bestellt!«

»Mit dem Mund nicht, das stimmt«, sagt die Kellnerin.

Der Mann hebt den Kopf und sieht sie das erste Mal am heutigen Tag an, aber nur, um ihr das Gefühl zu geben, das allerletzte Stück Ausschuss zu sein. Um Haltung bemüht, trägt sie den Teller in die Küche zurück.

Ich spüre, wie meine Beine mich an den Tisch des Platzhirschs tragen.

Andreas!, ermahne ich mich selbst, nein! Du bist im Urlaub. Du hältst dich raus!

Schon sitze ich dem Mann gegenüber. An einem Tisch für vier auf einem leeren Platz. Er sieht mich an, als wäre ich in sein Haus eingebrochen und hätte meine Füße auf seinen Sofatisch gelegt.

Ich lasse ein paar Sekunden verstreichen.

In einem Western hätten wir jetzt beide unter dem Tisch unsere Waffen gezogen. Lässig hebe ich den Finger und deute auf Decke, Wände und Tische.

»Ich arbeite auch für den Laden hier. Bin nur gerade in Zivil.«

»Herzlichen Glückwunsch«, sagt der Platzhirsch.

»Sie kennen die Beförderungsbedingungen?«, frage ich.

Er schweigt und schiebt Papiere ineinander.

Ich zeige auf den Aufkleber über dem Fenster. »Laptop-Verbot und Handy-Verbot im Bordrestaurant. Ist ja offensichtlich.«

»Es hat sich keiner beschwert. Hier nebenan wird ja auch telefoniert.«

Er zeigt auf die Rentner mit Enkelin Leonie.

Die Kellnerin sagt: »So, jetzt aber endlich die Klopse, der Eintopf und das Schokoladeneis mit Pommes. Natürlich auf zwei Tellern.«

»Klaus! Hast du etwa heimlich bestellt?«

»Henriette, grüß jetzt bitte meine Schwiegertochter von mir und leg das Handy weg.«

Ich sage: »Paragraf 6, Absatz 1. Allgemeine Verhaltenspflichten des Fahrgastes. Jeder Reisende hat sich so zu verhalten, dass andere Reisende nicht über Gebühr gestört oder belästigt werden.«

Der Platzhirsch schimpft: »Wer stört denn hier wen?«

Ich sage: »Gleicher Paragraf, gleicher Absatz: Jeder Reisende darf nur einen Sitzplatz belegen.«

Der Absatz existiert tatsächlich.

Der Platzhirsch mustert mich wie einen Schädling.

»Paragraf 6, Absatz 3. Belegt der Reisende dauerhaft mehrere Sitzplätze, ist das Verkehrsunternehmen berechtigt, ihm für jeden der einzelnen Plätze den vollen Fahrpreis zusätzlich zu berechnen.«

Dieser Absatz existiert nicht.

Aber er klingt plausibel und ist uns zuzutrauen.

Jedenfalls von jemandem wie dem Platzhirsch.

Ich lege meine langen Arme links und rechts auf die Lederlehne. »Für meine Begriffe sehe ich hier drei Mal den Fahrpreis …«

Der Platzhirsch überlegt, ob ich bluffe. Er fragt sich, wieso ich auch so ein Mistkäfer bin wie der Kieswetter, nur leider nicht so feige.

»Das ist doch Schwachsinn«, sagt er.

Ich zeige Richtung Gang. »Der Kontrolleur ist noch einen Waggon entfernt.«

Ich nehme die Arme wieder von der Lehne, falte sie kurz über dem Tisch zusammen, öffne sie wieder, zeige ihm meine mächtigen Handflächen, stemme mich auf und setze mich an den Zweiertisch auf der anderen Seite des Ganges. »Gut, lassen Sie's drauf ankommen. Ich gucke mir das gerne an, wie der Kollege kassiert.«

Die betrunkenen Freundinnen bekommen von alldem nichts mit.

Oma Henriette stochert beleidigt in ihren Königsberger Klopsen.

Opa Klaus tauscht mit seiner Enkelin einen Löffel Eintopf gegen einen Löffel Eis.

Der Platzhirsch räumt fluchend seine Sachen zusammen. Schiebt die Papiere auf einen Stapel. Klappt den Laptop zu. Zeigt auf sein Ohr: »Das Headset bleibt drin.«

Ich sage: »Paragraf 7, Absatz 5. Hat sich der Reisende zu respektlosem Verhalten gegenüber der Servicekraft verstiegen, kann er dies bei zuvor vierfacher Platzbelegung mit einer vierfachen Trinkgeldsumme wiedergutmachen.«

Dann drehe ich mich zum Fenster.

Zehn Minuten später knipst der Kontrolleur das korrekte Ein-Sitzplatz-Ticket des Platzhirsches ab.

Bis zur Ankunft in Frankfurt Flughafen, wo er natürlich aussteigt, hat er zwar noch zwei Mal lautstark über den »vollständig verblödeten« Kieswetter, diese »Evolutionsbremse« geschimpft, dafür aber schließlich doch seine Rostbratwürstchen gegessen... und sie mit einem angemessenen freiwilligen Aufpreis versehen. Dass so ein Spesenritter Trinkgeld gibt, ist wahrlich ein seltener Anblick.

Der Unentschlossene stolpert erst zusammen mit mir in Stuttgart aus dem Zug, entsetzt darüber, was er vor der Tür sehen muss. Er hätte in Mannheim rausgemusst und war auf dem Fußboden vor lauter Erschöpfung eingeschlafen.

Kann ja kein Mensch erholsam reisen, wenn nie ein Platz frei ist.

NACHTSCHICHT

Störung im Betriebsablauf

Der Abend ist hereingebrochen. Vor den Türen tobt ein kleiner, warmer Sturm. Wobei, was heißt schon tobt? Er spielt ein wenig herum. Mit Haaren, Schirmen und windgünstig abgestellten Fahrrädern. Luftschichten ringen miteinander im sanft hereingebrochenen Dunkel. Es ist noch nicht lange her, da war es bis fast 22 Uhr hell. Der Sommer ist noch längst nicht vorüber.

Aber: Die Zeit ist gekommen.

Die Zeit, in der die Supermärkte die ersten Weihnachtskekse in der Mitte des Ganges platzieren. Turmhoch stapeln sie sich auf den flachen Auslagetischen. Spekulatius. Dominosteine. Lebkuchenherzen.

Wer kauft das bereits Ende August? Das frage ich mich.

Die Antwort gibt das Knistern der Folie zwischen Annikas Fingern, mit dem sie unsere Nachtschicht eröffnet. Neben ihrer Kaffeetasse nestelt sie eine Packung Aachener Kräuterprinten auf.

»Nee, oder?«

Sie legt die Hände einen Augenblick ruhig auf der störrischen Packung ab.

»Man muss die Plätzchen essen, wie sie fallen, Andreas. Das hat mich das Leben gelehrt.«

»Ich glaube, der Spruch geht anders.«

Sie macht weiter und bekommt endlich die Packung auf. »Willst du auch welche?«

»Aber sicher doch«, sage ich.

Annika verteilt die Printen auf zwei Taschentüchern als Servietten. Sie legt die Tücher nicht gerade auf den Tresen, sondern so, dass die Spitze nach vorn zeigt. Jetzt noch einen Kerzenkranz daneben, und wir können den Dezember ausrufen.

Das ist das Nette an der Nachtschicht.

Wenn der Chef garantiert im Bett liegt, kann man etwas schamloser gemütlich werden.

Annika beißt von der ersten Printe ab und kaut mit geschlossenen Augen, als genieße sie ein Vier-Sterne-Menü. Ich drehe mich um und krame unten im Schrank, ob wir zusätzlich noch diese Vorratspackung Waffelröllchen mit Zartbitter haben.

Kaum habe ich den Kopf im Schrank, höre ich die Stimme des kleinen Prinzen.

»Ich glaube nicht, was ich da sehe!«

Ich schrecke auf und stoße mir den Kopf im Schrank.

Annika räumt hastig die Taschentücher und Printen von der Theke. »Chef… äh… das ist… das war…«

»Vor fünf Minuten hatten wir eine Gruppe chinesischer Touristen an der Theke«, helfe ich Annika, während ich mir den Kopf reibe und wieder in Erscheinung trete. »Da dachten wir, so eine Verkostung typisch deutschen Gebäcks wäre eine kundenbindende Erfreulichkeit.«

Der kleine Prinz glaubt mir kein Wort.

»Sie können essen. Sie können trinken. Sie können Chinesen füttern. Glauben Sie mir, da habe ich längst aufgegeben. Aber *das* geht nicht!«

»Was denn jetzt genau?«

»Na, *Weihnachtsgebäck* Ende August! Wissen Sie, was Sie damit bei den normalen Fahrgästen anrichten? Wenn die das sehen?«

»Öh, nein?«

Der kleine Prinz wirft die kurzen Arme in die Luft: »Panik! Nervosität! Innere Unruhe! Mit Weihnachtsgebäck im August hetzen Sie die Leute.«

Annika versucht, die Printen wieder zu verstauen, ohne dabei allzu sehr mit der Folie zu knistern.

Der kleine Prinz sagt: »Niemand will daran erinnert werden, dass bald schon wieder die Feiertage anstehen. Dass Geschenke gekauft werden müssen. Dass die Schwiegereltern kommen. Vor allem, weil ja eben gerade *nicht* schon bald Weihnachten ansteht. Das ist noch über hundert Tage hin! Ein Dritteljahr! Mehr als ein Buchhaltungsquartal! Aber diese gottverdammten Plätzchen geben uns den Eindruck, als wäre es schon morgen!«

Unser Chef macht sich viele Gedanken über Kundenpsychologie. Das ist tatsächlich so. Er ruft ja auch wirklich in Berlin an und fragt, ob man Filzgleiter unter die Deckel der Mülleimer kleben könnte, bloß weil ein einziger Kunde vor Ort sich beschwert hat. Aber seine Aufregung um die Weihnachtsplätzchen hat sicher noch andere Gründe. Ebenso wie die Tatsache, dass er heute bis zum späten Abend im Büro gewesen ist.

»Chef, was ist los?«, frage ich daher und gieße ihm einen Kaffee ein. Die Tasse ist bedruckt mit dem Logo von BAP. Er ignoriert es. Langsam nimmt er einen Schluck, lässt sich einen Moment lang von der schwarzen Oberfläche in der Tasse hypnotisieren und rückt dann mit der Wahrheit raus: »Ich muss ins Fernsehen.«

Annika bekommt einen Kunden.

»Geht heute noch was nach Paderborn?«

Ich frage den Chef: »Sie *müssen* ins Fernsehen?«

»Ja. Ich muss. Ich will. Wie auch immer. Es ist eine Talk-show, in so einem öffentlich-rechtlichen Nischensender. Thema ist die Bahn. Unser Aufbau, unser Service, unsere Entwicklung. Da ist auch ein Fahrgastvertreter dabei. Und ein Wirtschaftsjournalist. Die fragen mich doch bestimmt lauter Sachen, wo wir am Ende wieder schlecht dastehen. Sie wissen, das ist nicht mein Ding.«

Annika gibt ihrem Kunden Auskunft: »Nach Paderborn um 22:21 Uhr auf Gleis 18 bis Hamm in Westfalen und von dort um 0:07 Uhr mit der Eurobahn. Ist die letzte Verbindung.«

Der Kunde überlegt: »Die Eurobahn, sind das diese Gelb-Blauen?«

»Die Privatbahn, ja.«

»Will ich nicht. Will die normale Bahn.«

Annika sagt: »Die gibt's nicht mehr so spät auf dieser Strecke.«

»Kann nicht sein. Meine Schwägerin kommt aus Paderborn, und als sie mich neulich besucht hat, sagte sie, sie sei mit der Bahn gefahren.«

»Dann war sie früher unterwegs.«

Ich lausche mit halbem Ohr Annikas Diskussion, bin aber weiterhin ganz beim Chef. Er ringt mit sich. Das spüre ich. Da ist noch mehr, was er loswerden möchte.

Annika sagt: »Was haben Sie eigentlich gegen die Euro-bahn?«

Der Kunde schürzt die Lippen wie ein trotziges Kind und äfft Annikas Frage nach: »Was habe ich gegen die Euro-bahn?« Lippen wieder normal, Augen auf Angriff. Das wenige Haar, das der gurkenförmige Mann noch besitzt, ist ihm längst grau geworden. »Was habe ich gegen Ei-Pots und Ei-Päds und gegen Windows Version 78? Fragen Sie mich mal!«

Annika fragt: »Was haben Sie gegen iPods, iPads und Windows Version 78?«

Der Mann guckt jetzt noch böser. Sieht so aus, als hätte Annika ihn doch nicht fragen sollen.

»Kann nicht einfach alles bleiben, wie es ist? Gestern fahre ich noch mit der Bahn zu meiner Schwägerin, heute mit dem Eurodings.«

»Wir hören hier eigentlich sonst immer nur Gutes über die Konkurrenz«, sagt Annika. »Wenn ich ehrlich sein soll, sogar Besseres.«

»Es gibt keine Ticketautomaten auf den Bahnhöfen, wo nur noch diese Züge fahren«, sagt der Mann. »Wenn man vor Ort ein Ticket ziehen will, geht das nur am Automaten im Zug. Also immer schön, wenn er gerade anfährt, während man seinen Schein in den Schlitz steckt. Und wissen Sie, in welchen Münzen diese Scheißdinger ein Wechselgeld von zwei Euro ausspucken? In vierzig Fünf-Cent-Stücken! Die wollen uns doch alle mürbe machen!«

Annika sagt: »Sie können hier im Bahnhof direkt Ihre Rückfahrkarte kaufen.«

Der Chef gibt sich einen Ruck und offenbart sein eigentliches Begehr: »Herr Schorsch, Sie müssen mich coachen! So, jetzt ist es raus. Ich bin zwar Ihr Chef, aber für diesen Fernsehmist müssen Sie mich coachen. Damit ich schlagfertiger werde.«

Annikas Kunde sagt: »*Sie* haben es im Leben doch immer leicht gehabt!«

Ich sage: »Ein Fahrgastvertreter und ein Wirtschaftsjournalist sind in der Show?«

Der Chef nickt: »Ja, und wer weiß, wer noch.«

Hier am Tresen üben ist doof, denke ich mir, möchte Annika aber auch nicht mit dem grauschläfigen Giftzwerg alleine lassen. Ich zeige dem Chef an, dass ich gleich wieder für ihn da bin, und mische mich nebenan ein.

»Verzeihung, ich habe mitgehört. Eine Möglichkeit gibt es für Sie, ausschließlich mit offiziellen Verkehrsmitteln der Deutschen Bahn nach Paderborn zu reisen.«

»Tatsächlich?« Der Mann schöpft Hoffnung.

»Ja. Sie fahren, wie meine Kollegin schon sagte, von hier bis nach Hamm in Westfalen und von dort weiter mit einem Mietwagen der Deutschen Bahn. Da ist vom winzigen Volkswagen bis zur Mittelklasse-Limousine alles dabei. Kann man sich stundenweise ausleihen, schon ab 1,50 Euro. Also, die Stunde eben…«

Eigentlich erwarte ich jetzt, dass dem Mann erneut die Schläfen pochen, doch er findet die Option anscheinend recht gangbar. Ernst fragt er: »Und das sind echte Deutsche-Bahn-Autos? Also vergleichbar mit den Leihrädern da draußen auf dem Vorplatz?«

»Wie meinen Sie das?«

»Na, da steht das Logo der Deutschen Bahn drauf, und sie laufen auf Rechnung der Deutschen Bahn, und sie wurden von der Deutschen Bahn hergestellt?«

Drei Mal unser Konzernname in einem Satz. Der Mann hat einen Fetisch, denke ich mir.

Ich sage: »Hergestellt wurden die Autos natürlich von VW oder Ford oder Audi. Die Bahn baut keine Kraftfahrzeuge. Und die Erlöse teilt man sich mit Europcar oder Sixt oder Flinkster. Je nachdem, wer vor Ort Kooperationspartner ist.«

»Aha!«, ruft der Kunde aus und richtet auf jeden Einzelnen von uns die Spitze seines Zeigefingers, als wolle er uns mit einem unsichtbaren Todesstrahl treffen.

Annika – peng.

Ich – peng.

Der kleine Prinz – peng.

»Sie sind selbst dran schuld!«, sagt er, bekräftigt die Hinrichtung mit einem letzten Nicken und geht.

Wir sehen ihm nach.

Ihm, der niemals Paderborn kennenlernen wird.

Der kleine Prinz klagt: »Sehen Sie. Die Menschen sind alle gegen uns. Was denken Sie, wie das da in der Talkshow wird?«

Ich sage: »Sie wollen, dass ich mit Ihnen trainiere?«

»Ja.«

»Annika? Du kommst klar?«

Sie nickt: »Ich denke, den anstrengendsten Kunden der Nacht hatten wir ja schon.«

»Gut, Chef. Dann kommen Sie.«

Ich gehe mit dem kleinen Prinzen in die Filiale der amerikanischen Kaffeehauskette, die nach dem toughen Steuermann aus *Moby Dick* benannt ist, der dem manischen Kapitän Ahab die Stirn zu bieten versucht. Die Wände sind dunkel getäfelt, die Tische niedrig und die Ledersessel tief. Schnell zwei große Becher erworben – »Ja, wirklich, ich möchte bloß *regular* Kaffee ohne weiteren *flavor*« –, und schon hocken wir in bequemer Übungsposition.

»Gut, Chef, dann sagen Sie mal was.«

»Sagen Sie was, Herr Schorsch. Sie spielen den Moderator.«

»Okay.« Ich beuge mich vor, schaue den Chef eindringlich an und sage im typischen Tonfall vorwurfsvollen Empörungsjournalismus: »Verspätungen. Streiks. Pannen. Wieso haben Sie Ihren Laden nicht im Griff?«

Der Chef räuspert sich. »Ja, äh, also… ich kann natürlich nur als Verantwortlicher für den Bahnhof unserer Landeshauptstadt sprechen. Dort bemühen wir uns jeden Tag nach Kräften, den Kunden das beste Angebot zu machen.«

Ich lehne mich wieder zurück und sage: »Mhm.«

Zwei junge Frauen betreten das Kaffeehaus. Die Kaffeesorte, die sie bestellen, besteht aus sieben hintereinandergeschalteten englischen Worten, von denen ich kein einziges verstehe.

Der kleine Prinz sagt: »Was heißt denn *mhm?*«

Ich wackele mit dem Kopf. Mein Chef bringt mich in eine missliche Lage. Wieso kann er sich nicht auf Firmenrechnung einen echten Rhetorik-Trainer buchen? Da freut sich der Steuerberater. Endlich mal etwas, das sich wirklich plausibel absetzen lässt.

»Herr Schorsch. Sie müssen ehrlich mit mir sein. Gnadenlos ehrlich. Sonst können wir es auch gleich lassen.«

Ich sage: »Ich möchte meinen Beruf aber behalten.«

Der Chef nimmt einen Schluck seines Kaffees, äh, Verzeihung, seines *regular black*. Sein Kehlkopf hüpft beim Schlucken auf und ab. Er sagt: »Gut. Ich gebe Ihnen hiermit eine offizielle Dienstanweisung, mich gnadenlos ehrlich kritisieren und trainieren zu dürfen. Mit Jobgarantie. In Ordnung?«

Ich sage: »In Ordnung.«

Der Chef nestelt den zum Kaffee gehörigen Keks auf, schiebt ihn sich in den Mund und fragt kauend: »Umpf?«

»Das war beschissen«, sage ich.

Der Chef mampft zu Ende und schluckt den Zuckerweizenbrei hinunter.

»Was genau?«

»Sie bemühen sich nach Kräften.«

»Herr Schorsch, Sie sollen nicht nett sein, sondern ehrlich.«

»Nein, ich habe Sie zitiert. Sie haben auf den Angriff des Moderators gesagt, die Deutsche Bahn in Düsseldorf bemühe sich nach Kräften. Das ist Unfug.«

»Wie? Sie bemühen sich gar nicht?«

»Es ist Unfug, von Bemühen zu sprechen. Wir bemühen uns nicht. Wir machen. Und wir machen gut. Das ist die erste Regel, im Fernsehen und überhaupt im Leben: niemals verteidigen.«

»Aber wir hatten doch Streik. Wir haben Verspätungen. Ich zahle Ihnen Gehalt, damit Sie die aufgebrachte Menge zähmen.«

Ich lehne mich wieder vor und tue so, als säße ich in der Talkshow. Mit ernstem Blick und tiefem Bass sage ich: »Wir vollbringen ein Wunder. 23 500 Regionalverbindungen und 800 Langstrecken werden jeden Tag von uns bedient. Das sind Tausende von Zügen, die rangiert, koordiniert und organisiert werden müssen und zwar egal, ob es blitzt oder donnert oder schneit oder ob wieder mal irgendwo jemand meint, sein Leben auf den Gleisen beenden zu müssen. Tausende von Verbindungen, die alle miteinander zusammenhängen! Kennen Sie das Gleichnis aus der Chaostheorie? Das berühmte Bild vom Schmetterling, der mit einem Flügelschlag in China einen Tornado in den USA entfachen kann? Genauso ist das im komplexen Zusammenspiel aller Kräfte, wenn man das größte Netzwerk des Landes am Laufen hält. Wir bei der Deutschen Bahn haben es, um in der Metapher zu bleiben, am Tag mit hundert Schmetterlingen zu tun und dennoch kommen weit mehr als neunzig Prozent aller Züge pünktlich am Ziel an. Das macht uns kein Taxiunternehmen und kein Flughafen nach.«

Der Chef klappt den Mund auf und zu. Da er gerade der Moderator ist, überlegt er sich zügig Widerspruch: »Nun ja, pünktlich ist sicher Auslegungssache …«

»95 Prozent aller sogenannten Verspätungen liegen im Rahmen von zwei bis fünf Minuten. Sagen Sie mir, wo im Leben das bitte schön anders ist? Fangen Meetings in großen Unternehmen pünktlicher an? Haben Sitzungen im Bundestag weniger Kulanz? Meine Güte, an den ehrwürdigen Universitäten unseres schönen Landes spricht man immer noch von der akademischen Viertelstunde. Nirgendwo im Alltag stört den Menschen ein Ermessensspielraum von ein paar Minuten. Im Gegenteil. Besteht man auf sekundengenauer Pünktlichkeit, ist das pedantisch und viel zu deutsch.«

»Aber der Streik …«, sagt der Chef.

Ich breite die Hände aus, Flächen nach vorn. Das ist kein rhetorischer, sondern ein gestischer Trick. Spricht uralte steinzeitliche Instinkte an und erhöht die eigene Autorität. Erweiterung der Spannweite. Wie bei Vögeln, die zur Drohung die Flügel öffnen.

»Der Streik, oh ja, der Streik. Anstrengend, sicher. Ärgerlich und langwierig, klar. Von Eitelkeiten geprägt? Auch. Aber blitzschnell, sage ich Ihnen, blitzschnell im Vergleich zu Verhandlungen in der EU. Oder? Oder nicht? Blitzschnell im Vergleich zu Sitzungen in Berlin. Und außerdem, bitte schön, es ist ein hart erkämpftes Recht. Dafür sind in der Vergangenheit Menschen gestorben. Das ist eine Säule unserer freien sozialen Marktwirtschaft. Wollen Sie das lieber abschaffen?«

Nun gerät der »Moderator« ins Schwimmen. »Äh, das habe ich nicht gesagt.«

»Doch, das wollen Sie. Sie von den Medien. Die Menschen da draußen, die wollen das nicht, wenn sie ehrlich sind. Die sind ja selber meistens in Berufen, wo sie froh sind, theoretisch auch streiken zu dürfen. Wer pendelt denn mit der Bahn jeden Tag zur Arbeit? Topmanager? Oder TV-Moderatoren? Nein! Krankenschwestern. Lehrer. Einfache Angestellte. Wo wären die denn ohne ihre Gewerkschaften? Die haben eigentlich alle Verständnis dafür, wenn jemand für sein Recht kämpft. Die verlieren das Verständnis nur, wenn ihnen die Geduld vom Fernsehen und von der Presse ausgeredet wird.«

Der kleine Prinz hebt die Hände und schnauft erschöpft aus: »Herr Schorsch, stopp, stopp, stopp.«

Ich stoppe.

»Meine Güte«, sagt der Chef. »Sie machen mich fertig.«

»Das war die ganz harte Kante«, sage ich. »Angriff statt Verteidigung. Das müssen Sie natürlich nicht machen. Aber wichtig ist: Sie machen einen guten Job. Sie sind im Recht. Sie haben was zu bieten. Und Sie sind auf der Seite des kleinen Mannes. Alles gleichzeitig.«

»Da sitzt ein Fahrgastvertreter in der Show. Der repräsentiert den kleinen Mann. Den Pendler. Der glaubt mir doch kein Wort.«

Ich schlüpfe wieder in die Rolle meines Chefs, der in der Show sitzt, und sage: »Wann hatten Sie persönlich das letzte Mal eine echte Verspätung?«

Der Chef sagt: »Äh? Bin ich jetzt der Fahrgastvertreter?«

»Ja.«

»Okay. Gut. Dann sage ich: gestern!«

»Wie viel zu spät kam der Zug?«

Der Chef stemmt die Handflächen auf die Oberschenkel und sagt: »Satte 25 Minuten!«

»Warum?«

»Wie, warum?«

»Wieso kam der Zug zu spät? Die Bahn begründet in den Lautsprechern auf dem Bahnsteig jede einzelne Verspätung. Sie ist im Gegensatz zur Politik nämlich überaus transparent. Also, wieso kam der Zug zu spät?«

Der Chef überlegt kurz. Dann hat er's: »Wegen einer sogenannten *Störung im Betriebsablauf*. So viel zur Transparenz!«

Er nimmt die Hände wieder von den Schenkeln und sagt, abseits seiner Rolle: »So, Herr Schorsch. Und was mache ich, wenn ich so was gesagt kriege?«

Ich spiele weiter: »Eine *Störung im Betriebsablauf* heißt bei langen Verspätungen auf gut Deutsch: Selbstmord. Oder Reh überfahren. So. Und jetzt sagen Sie mir, was möchten Sie? Möchten Sie, dass wir das jedes Mal ehrlich durchsagen? Möchten Sie als Kunde, als Mutter mit kleinem Kind an der Hand, wirklich hören: Der Regionalexpress nach Koblenz über Köln und Bonn verspätet sich um mindestens 25 Minuten, weil erst einmal die Gedärme eines Menschen vom Cockpit gewischt werden müssen? Oder eines Bambis? Möchten Sie den Menschen diese Bilder wirklich eingeben?«

Der kleine Prinz sagt: »Jetzt, öh, Sie können doch nicht…«

Ich unterbreche ihn und setze noch einen drauf: »Was glauben Sie eigentlich, wie diese langen Verspätungen entstehen? Dreißig Minuten? Sechzig Minuten? Wie gesagt, die sind schon äußerst selten, aber was glauben Sie, wie die entstehen?«

»Ich …«

»Sie glauben, oder besser, Sie wollen den Zuschauerinnen und Zuschauern da draußen glauben machen, dass die Verantwortlichen bei der Deutschen Bahn sich nachts hinsetzen und sich für den kommenden Tag die krassesten Verspätungen ausdenken.«

»Aber, jetzt werden Sie polemisch.«

»Nein, gar nicht. So müssen Sie sich das vorstellen, wenn Sie die langen Verspätungen *uns* zum Vorwurf machen. Sie müssen davon ausgehen, dass jede Nacht boshafte Männer vor blinkenden Netzwerkplänen stehen und die großen Verspätungen für den kommenden Tag planen. Denn wenn Sie davon nicht ausgehen, sondern doch eher glauben, dass die daran liegen, dass es Unfälle gibt und verirrte Tiere und umgestürzte Bäume und ja, sicher auch mal das ein oder andere technische Versagen bei einem von täglich mehreren tausend Zügen – dann können Sie uns das nicht ernsthaft anlasten.«

Der Chef sagt: »Herr Schorsch, Sie wollen wirklich, dass ich im Fernsehen so mit einem Fahrgastvertreter rede?«

»Ich will, dass Sie den gesunden Menschenverstand der Leute ansprechen.«

»Aber …«

»Vergleiche«, sage ich. »Nutzen Sie immer Vergleiche.«

Ich räuspere mich und gebe noch ein Beispiel: »Am Flughafen. Wenn Sie in den Urlaub abheben. Wie lange warten Sie da? Schon ganz von selber, ohne Verspätung? Sie müssen zwei Stunden vorher vor Ort sein. Mindestens. Sie werden durchleuchtet, mittlerweile sogar von Nacktscannern. Hat die Deutsche Bahn Sie jemals nackt gesehen?«

Der Chef lacht.

»Sehen Sie«, sage ich, »jetzt lachen Sie. Und das Fernsehpublikum würde auch lachen. Weil's stimmt. Und der Fahrgastvertreter stünde als undankbarer Querulant dar, während Sie noch Bodenhaftung im echten Leben haben.«

Der Chef kratzt sich am Kinn und dreht die Augen nach links oben. »Gut. Was mache ich mit dem Wirtschaftsmenschen?«

»Den üben wir jetzt umgekehrt«, antworte ich. »Also richtig rum. Sie sind Sie selbst, und ich bin der Wirtschaftsmensch.«

»Gut. Legen Sie los, Herr Schorsch.«

Ich schürze die Lippen und verschmälere meine Augen, wie es manche »knallharte« Finanzexperten im Fernsehen so machen. Soll wahrscheinlich an den Cowboy erinnern, der im Wilden Westen im Gegenlicht der Sonne beim Duell die Augen zusammenkneift. »Ich finde ja, wir sollten an dieser Stelle mal ein wenig seriös differenzieren. Die Deutsche Bahn ist doch jetzt ein Privatunternehmen, richtig?«

Der Chef rückt im Sessel hin und her, als müsse er sich in die Situation hineinwackeln. »Ja, richtig.«

»So, das heißt, es ist nicht mehr *eine* Deutsche Bahn, die staatlich ist und als ein großer Klotz dem Bund untersteht.«

»Nein.«

»Dann ist also zum Beispiel für den Regionalzug jemand anders zuständig als für den ICE?«

»Ja. Der Regionalzug, das ist die DB Regio, und der ICE ist DB Fernverkehr.«

»Aha. Und wozu gehören Sie?«

»Ich? Genau gesagt zu DB Regio NRW.«

»Das ist noch mal was Kleineres?«

»Ja, sicher. Und wieder unterteilt in Unterbereiche.«

»Wer pflegt die Schienen und Gleise?«

Der Chef überlegt. »Die DB Netze.«

»Und wer bezahlt die Leute am Bahnhof? Im Service Point? Im Reisezentrum?«

»Uns bezahlt die DB Station & Service. Die ist aber Teil von DB Netze. Die Kollegen im Reisezentrum kriegen ihre Kohle von DB Vertrieb, Tochter von DB Fernverkehr aka Reise und Touristik. Das muss alles auseinandergehalten werden. Wegen der Diskriminierungsfreiheit.«

»Sie diskriminieren ansonsten Angestellte?«

»Nein. Die Firmenbereiche dürfen sich nicht gegenseitig infizieren.«

Ich schiebe mich an den vorderen Rand meines Sessels. Zwar rattern um uns herum immer noch die Mahlwerke und zischen die Cappuccino-Düsen, aber langsam fühle ich mich tatsächlich, als säßen wir in einem Fernsehstudio.

»Wissen Sie, ich als Ökonom finde das alles verwirrend. Sie bieten jetzt bei jedem Ticketkauf auch grüne Fahrten an. Der Kunde zahlt freiwillig einen Euro mehr, und die Fahrt ist CO_2-frei. Bei der Bahncard ist die Fahrt schon automatisch mit Ökostrom.«

»Das ist korrekt«, sagt der Chef. »Wir nehmen unsere Verantwortung für die Umwelt sehr ernst. Mal abgesehen davon, dass es sowieso umweltbewusst ist, mit der Bahn zu fahren.«

Er grinst mich an, also mich als Schorsch im Starbucks, als wolle er für diese Aussage schnell eben ein Fleißkärtchen.

Ich bleibe knallhart in meiner Rolle: »Aha. Aber der Strom kommt doch so oder so aus der Leitung über den Schienen. Ich meine, wollen Sie uns glauben machen, da sitzt einer in der Buchhaltung der Deutschen Bahn und klamüsert auf den Cent genau auseinander, wie viel Prozent der Einnahmen jetzt für Ökostrom waren, und genau diesen Prozentsatz an Strom kaufen Sie aus grünen Quellen ein?«

»Genauso ist das. Der Kunde hat es in der Hand.«

»Wo kaufen Sie Ihren Strom?«

Der Chef schluckt.

Jetzt habe ich ihn. Beziehungsweise: Jetzt hat ihn der Ökonom.

Er sagt: »Den kaufen wir nicht. Den machen wir selber. Das ist ein Teil des Konzerns namens DB Energie.«

»Potzblitz! Die Bahn betreibt eigene Kraftwerke?«

»Ja.«

»Ökologische?«

»Wasserkraft. Keine Kohle. Kein Atom.«

»Wieso nehmen Sie dann einen Aufpreis für grünen Strom, wenn Sie ihn sowieso selber machen?«

»Wir …«

»Sie betreiben Ablasshandel. Wie die Kirche früher. Nur eben jetzt für das grüne Gewissen.«

»Das … öh … äh.«

Ich gehe aus der Rolle: »Chef?«

»Ja?«

»Soll ich mal eben in Ihre Rolle schlüpfen?«

»Ja, bitte.«

Jetzt rücke ich mich tiefer ins Leder ein und sage, was er sagen sollte, würde er in die Ecke gedrängt: »Guter Mann. Wir sprachen vorhin davon. Knapp 25 000 Verbindungen bedienen wir am Tag. Dafür reicht der Strom aus den eigenen Kraftwerken nicht vollständig aus. Allerdings könnte er das eines Tages. Wie gesagt, das liegt am Kunden. Tatsache ist: Die Bahn war schon grün, als es die Farbe in der Politik noch gar nicht gab.«

»Herr Schorsch?«

»Ja, Chef?« Ich nehme einen Schluck von meinem Kaffee.

»Sie schaffen es, dass sogar ich die Bahn jetzt besser finde als vorher.«

Ich muss lachen, und der Kaffee schießt mir aus der Nase.

»Sehen Sie. Und wenn Sie das in der Sendung auch hinbekommen, wird alles gut!«

Wir üben noch ein bisschen, bevor wir zu Annika zurückkehren. Der Chef wird besser. Offensiver. Er hat Blut geleckt. Ich kaufe ein paar fettige Donuts mit Schokoladenglasur. Wenige Minuten später lege ich sie Annika auf die Theke.

»Alternative zum Weihnachtsgebäck. Dürfen wir doch. Oder, Chef?«

Der kleine Prinz nickt und beißt selbst in eine Kalorienbombe.

Menschen kommen und gehen.

Ziehen Rollkoffer.

Schleppen Rucksäcke.

Knacken Getränkedosen auf dem Weg von hier nach da.

»Wir machen einen guten Job«, sagt er zufrieden.

Annika schaut mich fragend an.

»Danke, Herr Schorsch.«

»Gern geschehen.«

»Gute Nacht. Also ich meine, gute Nachtschicht für Sie beide.«

»Gute Bettruhe«, sage ich.

Annika fragt: »Was war das denn? Dieser Glücksanfall?«

Ich sage: »Ich glaube, er sieht wieder Sinn im Leben. So ist das, wenn man mit mir zum Kaffeeröster geht.«

Annika nickt skeptisch und beißt in ihren Donut.

In den Lautsprechern sagt Udo: »Bitte beachten Sie auf Gleis 16, ICE von Berlin nach Köln hat voraussichtlich eine Verspätung von 35 Minuten. Grund hierfür ist eine Störung im Betriebsablauf.«

Auswärtsspiel

Die Nacht ist da.

Annika liegt friedlich daheim in ihrem Bettchen. Ich teile mir die böse Schicht mit Jungkollege Yannick. Trotz der Routine, die sich langsam in seine noch kurze Laufbahn einschleift, hat die Nacht für ihn noch etwas Aufregendes. Den Thrill der Gefahr. Die Spannung der Ungewissheit, dass man nie weiß, was kommt. Stimmt ja auch. Mindestens zwischen zwei Uhr und vier Uhr ist alles möglich. Nackte Flitzer, die sich für den Sohn Gottes halten. Verrückte Heimwerker, die im Bahnhof nach Dübeln suchen. Passionierte Politikfreunde, die drohen, nicht eher zu gehen, bevor wir sie mit der Kanzlerin verbunden haben.

Heute Nacht allerdings ist es schön ruhig.

Wir befinden uns mitten in der Woche, und alle Züge, die da gewesen sein sollten, waren auch schon da.

Keine Kirmes.

Keine Messe.

Kein Japantag.

Nicht mal der immer beliebter werdende Zombie-Walk, bei dem die ganz normalen Bekloppten bleich und blutig geschminkt durch Stadt und Bahnhof torkeln. Der Fernsehserie *The Walking Dead* sei Dank.

Die letzte S-Bahn Richtung Essen ist eben abgefahren. Ab jetzt dauert es eine ganze Stunde, bis der nächste Zug fährt, der Leute bringt oder holt oder beides.

Yannick nippt an seiner Kaffeetasse. Ein neutrales Modell unseres Arbeitgebers. Ich freue mich schon auf die kommende Woche. Da dürfte meine neueste Tassenbestellung im Briefkasten liegen – ein brandneuer Becher von Viktoria Köln. Den hat wahrlich nicht jeder, vor allem nicht in Düsseldorf. Zwischen uns beiden steht eine offene Packung Kekse mit Schokoladenglasur.

»Weißt du, was früher in dieser Zeit gemacht wurde?«, frage ich Yannick und nehme ebenfalls einen Schluck aus meiner Tasse. Noch ist es die mit dem Geißbock.

Yannick schüttelt den Kopf und schaut auf die Uhr. »Was denn?«

»Zu«, antworte ich.

»Wie, zu?«

»Der Bahnhof wurde abgeschlossen. Dann wurde geputzt. In genau der Stunde, in der kein einziger Zug fährt. Manchmal auch für neunzig Minuten. Dann standen vorne die Leute fluchend vor der Glastür und schimpften darüber, dass sie nicht quer durch den Bahnhof nach Hause laufen dürfen. Manchmal fluchten sie die gesamten neunzig Minuten, anstatt in drei Minuten außen rum um das Gebäude zu laufen.«

Yannick lässt die Tasse sinken und guckt aus der Wäsche, als hätte ich die Kanzlerkandidatur von Bushido verkündet. »Wie bitte? Der Bahnhof war früher nachts zu?«

»Ja, sicher. So wie heute manch ein McDonald's an der Autobahn zwischen fünf und sechs Uhr morgens. Aufräumen. Kasse machen.«

»Seit wann ist das nicht mehr so?«

»Seit dem Amtsgerichtsurteil von Düren, bei dem ein Bahnmitarbeiter wegen unterlassener Hilfeleistung verurteilt wurde, weil er im Winter wie jeden Abend den kleinen Bahnhof abgeschlossen hatte. Ein Obdachloser ist damals erfroren. Es ist nicht so, dass der Kollege ihn ignoriert hätte. Hat ihn angesprochen, seinen Zustand beobachtet, ihm einen Zettel mit der Adresse der nächsten geöffneten Notunterkunft gegeben. Trotzdem haben sie an dem Kollegen ein Exempel statuiert. Der Mann ist zerbrochen daran. Seitdem ist im Prinzip immer alles offen.«

Yannick überlegt: »Dann sollten sie das Amtsgericht ebenfalls für die Landstreicher aufmachen. Und das Rathaus.«

Ich schnippe mit den Fingern: »Meine Rede! Genau meine Rede! Obwohl ich als Wohnungsloser lieber bei Möbel Rück schlafen würde. Oder bei Höffner. Das sind ebenso Privatunternehmen wie die Deutsche Bahn AG.«

Yannick nimmt den nächsten Schluck. Eine schlurfende Figur lenkt seinen Blick zum offenen Eingang.

Mike.

Geisterhaft schleicht er auf dem Vorplatz herum.

Immer wach.

Immer hier.

Immer bleich.

Für ihn ist jeder Tag ein Zombie-Walk.

»Mike begrüßt sicher, dass hier durchgängig offen ist.«

»Auch Mike hat ein Bett«, sage ich. »Er lebt zwar im Prinzip im Bahnhof, aber irgendjemanden hat er immer irgendwo. Die Frau, die ihm im Moment Geld zusteckt, bettelt selber. Sie schafft auch an, alles hier rund ums Gelände. So läuft das bei denen, die ganz unten sind. Sie haben nichts und teilen alles untereinander.«

»Oh, der Schorsch kann ja auch pathetisch werden«, zieht Yannick mich auf, während ich beobachte, wie Mike vor der Tür ein kleines Tauschgeschäft abwickelt. Neuen Stoff für alte Scheine.

»Solidarität ist nicht ironisch«, sage ich. »Sie ist selten.«

Yannick nestelt einen Keks aus dem Kunststoffschuber.

»Dealt der da ganz offen?«, fragt er.

»Er kauft sich ein kleines Portiönchen«, sage ich.

Yannick knabbert mit den Schneidezähnen die Schokoladenschicht von der Keksoberseite.

»Hat die Bahn nie versucht, ihn zu vertreiben?«, fragt Yannick. »Ich meine, offener Bahnhof oder nicht... du hast ihn schon oft rausgeworfen, weil er Fahrgäste angespuckt hat, oder?«

»Gegen Mike lagen bislang zweihundert Strafanträge wegen Hausfriedensbruch vor«, erzähle ich. »Das wird immer wieder neu aufgerollt, liegt dann zwei Wochen, und schließlich kommt von der Justiz die Antwort: Wird mangels öffentlichen Interesses nicht weiterverfolgt.

Ein einziges Mal wurde er allerdings tatsächlich vorgeladen.«

»Was war denn anders?«

»Er hatte einen Joghurt geklaut. Beim Rewe.«

»Aha. Von wegen öffentliches Interesse.«

»Denkst du nicht jeden Tag über die Unversehrtheit der Fruchtjoghurts nach? Die Öffentlichkeit macht sich Gedanken über die Bauern. Wenn der Milchpreis im Keller ist, und die Joghurts werden auch noch geklaut...«

Ich grinse.

Yannick verdreht die Augen und macht mit den Händen eine Geste, als würde er Krümel vom Tisch fegen. »Wie ging's weiter?«

»Man hat den Ladendiebstahl und den wiederholten Hausfriedensbruch direkt in einem Abwasch erledigt. Für den Joghurt gab's sechs Monate Bewährung, für den Hausfriedensbruch bloß drei. Und auch die nur mit viel Bauchschmerzen. Im Urteil hieß es, man habe hier Einsicht, da dem armen Menschen im Grunde nichts anderes übrig bleibe, als auf diese Weise an sein Geld zu kommen. Stell dir das gleiche Urteil mal vor, wenn einer im Flughafen die Leute anschnorren und dabei hier und da das rotzende Lama geben würde! Oder in der Shopping Mall! Nur hier bei uns kannst du so was machen.«

Vor der Tür ist Mike fertig mit seinem Heroinerwerb. Eilig verschwindet er in der Nacht. Die frische Dosis will in seinen Körper.

Yannick gähnt, trotz Zucker und Koffein.

Eine Taube flattert durch die Halle.

Draußen fährt der letzte Bus nach Benrath.

Es ist zwar langweilig, aber meinetwegen kann es so entspannt bis zum Schichtende am Morgen weitergehen.

Von wegen.

Einen Keks später strömen fünfzehn junge Männer herein. Laute, stampfende Schritte. Kaum Haare. Fahnen aus Stoff in den Händen. Fahnen aus Biergestank im Rachen. Fußballtrikots. Rot-weiße Schals.

»Ach du Scheiße …«, flüstert Yannick.

»War heute ein Spiel?«, frage ich.

»Nicht meine Baustelle«, sagt er.

Richtig. Mein junger Kollege interessiert sich nicht für des Volkes liebsten Sport. Er guckt ernsthaft Leichtathletik.

Die Gruppe Fußballfans bleibt in der Halle stehen.

Das kann brenzlig werden.

Im Prinzip ist es wie im Stadion. Die Haltung dieser Leute: Wir sind nicht gewalttätig, nein. Aber wenn die Fans des Gegners unser Banner vom Zaun abreißen – was sollen wir da machen? Nett zusehen?

Derlei Männer suchen vieles zwischen Stadion und Straßenschlucht. Abenteuer, Adrenalin, Abwechslung. Vor allem aber suchen sie eines am allermeisten: einen Vorwand, an die Decke zu gehen.

Sobald sie begreifen, dass kein Zug mehr geht, haben sie einen.

Gleich werden sie geschlossen auf uns zuwalzen, denke ich.

Dann gehen die Beschimpfungen los.

»Wieso fährt da nichts mehr?«

»Ich zahle doch Steuern!«

»Ich will jetzt sofort nach Hause!«

»Mach was, oder wir nehmen dir den Laden auseinander!«

Aber ... weit gefehlt!

Niemand legt den Kopf in den Nacken, um die Anzeigetafel zu inspizieren und festzustellen, dass nichts mehr fährt. Außerdem bewegt sich nicht die ganze Gruppe auf unseren Tresen zu. Nur einer löst sich aus der Menge. Man schickt einen Delegierten.

Yannick merkt nicht, dass er noch einen Keksrest in der Hand hat.

Jetzt erfüllt sich seine Vorstellung von der Nachtschicht: Adrenalin und die Ungewissheit, wie es wohl weitergehen wird.

»Moin, Chef!«, sagt der Delegierte.

Ich mustere seinen Blick, um beurteilen zu können, ob Gefahr droht.

»Der Chef ist nicht da«, sage ich, »aber sicher kann ich auch helfen.«

»Ja, also…« Er holt tief Luft. »Ich weiß, das wird nicht leicht mit den Zügen, aber wir würden sehr, sehr gerne zu einem Auswärtsspiel fahren. Nach Leipzig.«

Yannick quietscht: »Heute Nacht؟؟؟«

Ich schaue den Delegierten an nach dem Motto: Sei nachsichtig, der Junge guckt nur Leichtathletik.

Leipzig.

Der Verein, der vom Gummibärchensafthersteller gesponsert wird. Wer dort hinfährt, möchte sich natürlich nicht die Blöße geben und mit dem Bus hinkarren lassen. Könnte ja ein Nachbar mitkriegen. Ich werfe die Suchmaschine an und öffne neben meinem Verbindungsbildschirm auch ein Fenster mit dem Fußball-Spielplan.

»Leipzig als Zielangabe reicht, ja؟ Den Rest des Weges zum Stadion eskortieren euch dann sowieso die netten Herren in Uniform, gelle؟«

Der Delegierte grinst.

Polizeipräsenz zu verursachen ist für ihn ein Kompliment.

»23. Oktober, richtig؟ Autsch. Das ist ein Freitag.«

Der Delegierte dreht sich um: »Ey, Leute, der hat den Spielplan drauf!!!«

Das Rudel jubelt.

Applaus.

Gesänge.

Hart und präzise grölen die Männer: »Die Nummer EINS, die Nummer EINS, die Nummer EINS am Rhein sind wir!!!«

Der Delegierte sagt: »Wichtig ist: Wir müssen mit dem Quer-durchs-Land-Ticket fahren.«

Augenblicklich zerfurchen Sorgenfalten meine Stirn. Der

Delegierte bemerkt es sofort. Ich starte eine neue Anfrage. Yannick beobachtet unsere Interaktion wie ein faszinierter Tierforscher. Andreas, der Fußballfan-Flüsterer.

»Das wird eng«, sage ich. »Mit dem Wochenendticket, das ginge. 5:30 Uhr morgens müsstet ihr los. Hagen, Kassel, Halle … um 13:39 Uhr seid ihr in Leipzig. Aber Freitag? No-Go! 10:12 Uhr Gleis 7, Schwerte, Kassel, Halle umsteigen und erst 17:39 Uhr da. Etwas knapp, oder?«

Der Delegierte schüttelt den Kopf. »Ne, Chef, das geht nicht.«

»Okay«, brumme ich, »Opa hat noch was gefunden. 9:02 Uhr, aber am Flughafen einsteigen. Sonst zieht das nicht mit dem Ticket.«

Prüfender Blick. Er nickt.

Ich sage: »Gut. Null neun geteilt durch null zwei. Merken. Schiene Nummer fünf. Aber am Flughafen. In Minden, Hannover, Goslar – ja, das gibt es wirklich – und Halle umsteigen. 16:39 Uhr in Leipzig. Fast zwei Stunden Zeit bis zum Anpfiff. Das Problem kommt aber bei der Rückfahrt.«

Fragender Blick.

»Ist so«, fahre ich fort. »Angenommen, das Spiel geht ohne Störungen zu Ende …« Ich zwinkere mit dem Auge.

Der Delegierte lacht.

»Nehmen wir es einfach an«, sage ich. »Das Spiel geht ohne Störungen zu Ende, und ihr kommt rechtzeitig zum Bahnhof. Dann fahrt ihr auf dem Rückweg über Magdeburg, Braunschweig und Minden. Nicht so der Hit. Drei Stunden rumlungern in Magdeburg, Samstagfrüh, fast noch in der Nacht. Ich kann mir Schöneres vorstellen. Tagsüber, im Sommer, und ja, auch im knackigen, schneeweißen Winter hat Magdeburg ja seinen Reiz, aber um die Zeit? Eher nicht.«

Der Delegierte schluckt. Augenblicklich verliert er seine Gesichtsfarbe. Yannick hat keine Ahnung, warum.

Ich sage: »In Magdeburg endet zudem noch das Ticket. Ihr braucht ein neues. Dann geht's weiter. Aber erst mal habt ihr eben drei Stunden Aufenthalt. Was gibt es Schöneres als Magdeburg bei Nacht? Am Wochenende?«

Der Delegierte stammelt vor sich hin: »Erst mal die anderen fragen... also... ja... fragen... bloß noch nichts ausdrucken!«

Er läuft los und hält mit seinen Leuten Kriegsrat.

Yannick fragt: »Was ist denn mit Magdeburg?«

Ich antworte: »Mit der Stadt ist gar nichts, sondern mit den dortigen Fußballgorillas, die aus den Felslöchern kommen, wenn sie wittern, dass ein Rudel Düsseldorfer an ihrem Bahnhof festsitzt.«

»Wieso? Was sind das denn für Gorillas in Magdeburg?«

»Ich will es mal so formulieren: DRITTE Liga. Viertes Reich. Komische Fans eben, Chemotherapie und Stützstiefel... und irgendwie so arm, dass sie alte Militärklamotten auftragen müssen. Vermutlich gibt es dort keine Filiale von Primark, das könntest du ja mal Tante Google fragen.«

Yannick fällt der Keksrest aus der Hand.

Die Gruppe diskutiert sich in der Halle die Schädel heiß. Einzelne Schlagworte flattern zu uns herüber:

»... lass mal andere Züge nehmen...«

»... Magdeburg? Wahnsinnig!«

»... oder doch Autos mieten...«

»... wer soll da fahren?«

»... Normalticket?«

»... zu teuer...«

»... SKY... Kneipe... SKY...«

Der Delegierte kehrt zu uns zurück.

Unschlüssig klopft er mit den Fingern auf dem Tresen herum. »Ja, wissen Sie, es ist so …«

Klar weiß ich. Die Debatte war ja laut genug.

Ich sage: »Okay. Ich schlage vor, ihr diskutiert zweieinhalb Minuten durch, wie viel ihr ausgeben wollt oder ausgeben könnt, und dann sehen wir uns hier am Tresen wieder, in Ordnung?«

Der Delegierte stutzt: »Zweieinhalb Minuten?«

»Ja, genau.«

Ich lasse Yannick mit den Keksen am Tresen und betrete den wunderschönen Vorplatz auf eine knackige Zweieinhalbminuten-Zigarette.

Auch hier ist nichts mehr los.

Keine Menschenseele.

Sogar Mikes Dealer ist verschwunden.

Ich zünde die Zigarette an. Vor meinem geistigen Auge schält sich wieder die tropische Tabakplantage aus den finsteren Häuserwänden der Düsseldorfer Nacht. Prasselnd regnet es auf die großen, kräftigen Blätter. Kaum habe ich zwei Züge genommen, höre ich neben mir klickende Feuerzeuge und leises Gemurmel. Die Fußballfans nutzen die Chance und machen auch eine Zigarettenpause.

Der Delegierte bewegt sich auf mich zu. »Also… wir könnten maximal fünfzig Euro pro Nase ausgeben.«

»Deal!«, sage ich. »Das geht.«

Ich zücke mein Taschentelefon und sehe schnell auf der mobilen Bahnseite nach. Theoretisch bräuchte ich gar keine Theke mit Computer. Ich könnte genauso gut auf dem Vorplatz herumschlendern und die Infos an der frischen Luft verteilen. So wie ein Dealer. Nur legal. Wie ein Koberer vor den »speziellen« Gaststätten auf St. Pauli. »Hey, komm mal,

Kleener, na watt sachste? Für 19 Eurönchen mal eben mit dem Bus nach Antwerpen. Ich kann dir und deinen Kumpels noch ein paar schnittige Plätze klarmachen. Oder warte mal. Für 29 nach Freiburg, das im Breisgau. Komm schon. Die haben heute tolles Wetter dort!«

Einfach die Leute schon vor dem Bahnhof abfangen. Ob ich das mal als Verbesserungsvorschlag in der Marketingabteilung einreichen sollte?

»Guckt mal. 29 Euro pro Nase und Richtung. Mit dem ICE über Frankfurt. Geht doch. Das ist der Preis, wenn einer alleine fährt … wenn ihr mit fünfzehn Leutchen unterwegs seid, wird es günstiger.«

Alle nicken. Keiner grölt. Niemand wirft Flaschen auf den Vorplatz.

Egal, was in der Zeitung steht, und egal, was ich alles hier so erlebe. Für Fußballfans gilt das Gleiche wie für die Grillkoteletts in der Frischtheke: Es sind nicht alle schlecht.

»Ihr seid dann um ein Uhr nachts am Sonntag wieder hier. Stressfrei und ganz ohne Magdeburg bzw. Siegen. Also, die Stadt meine ich …«

Ein paar der fünfzehn grummeln. Ein paar lachen.

»Da würde ich ja fast gerne selber mitfahren«, sage ich, »aber in der Nacht sitze ich wieder hier. Vielleicht gucke ich das Spiel bei Ahmet oder bei einem Kumpel, der sich Sky leisten kann. Oder ich vergesse es mal wieder.«

Zeitsprung nach vorne.

24. Oktober. Der Tag nach dem Fußballspiel, Leipzig gegen Düsseldorf.

Frühschicht.

Annika schiebt mit mir Dienst. Samstagfrüh, nicht jedermanns Sache. Mein Becher von Viktoria Köln ist längst angekommen und hat in den letzten Wochen eine herrlich anzuschauende Mischung aus Verwirrung und Protest ausgelöst. Ich denke an das friedliche Rudel, das ich damals beraten habe, und an die Strecke, die sie gerade hinter sich bringen. Optisch gesehen ist Leipzig mein Lieblingsbahnhof in Deutschland. Einer der wenigen, bei dem die Hochzeit von wunderschöner alter Bausubstanz und sogenanntem Shopping-Bahnhof gelungen ist.

»Wusstest du, dass Kaffee der meistgehandelte Rohstoff der Welt ist?«, fragt Annika. »Noch vor Eisenerz, noch vor Öl?«

»Weiß ich«, lüge ich, »habe ein Portfolio mit Kaffeezertifikaten.«

»Du hast ein Portfolio?«

»Aber sicher. Kaffee. Tabak. Und das halbe Prozent der Bahn, das nicht Angie gehört.«

Laute Kampfgesänge unterbrechen unser Geplauder in der nächtlichen Stille.

»Die Nummer EINS, die Nummer EINS, die Nummer EINS am Rhein sind wir!!!«

Ich schaue auf die Uhr. Kurz nach sieben. Die Fortuna-Fans kommen aus Leipzig zurück. Sie klingen wie dreihundert, doch es sind wirklich nur die fünfzehn, die damals bei mir ihre Beratung bekommen haben.

Zwar singen sie, doch die Gesichter sind trotzdem lang. Müde sehen sie aus. Richtig müde.

Ich schlage nach: Düsseldorf hat in Leipzig 1 : 2 verloren.

Der Delegierte schreitet tapfer voran und kommt an unseren Tresen.

»Moin, Chef! Und guten Morgen an die junge hübsche Dame.«

Annika kichert.

Der Anhang des Delegierten singt weiter: »Die Nummer EINS, die Nummer EINS, die Nummer EINS ...«

Einer lässt eine Flasche fallen, die nicht zerbricht. Der Delegierte guckt böse. Schnell hebt sein Kumpel sie auf. Ich nutze die Ablenkung, um meine Tasse von Viktoria Köln dezent beiseitezustellen. Man muss es ja trotz aller Bekanntschaft mit dem Rudel nicht unbedingt darauf ankommen lassen.

Der Delegierte sagt: »Die Hinreise war toll. Voll der Driss, was alles in der Zeitung drinsteht. Alles pünktlich. Alles prima gelaufen. Bis auf das Spiel natürlich. Egal ...« Er dreht sich zu seinen Leuten um. »Wer sind wir?«

»Die Nummer EINS! Die Nummer EINS ...«

»Worauf setzen wir?«

»RÜCKRUNDE! RÜCKRUNDE! RÜCKRUNDE!«

Annika wird rot.

Dieses Mal nicht wegen Schmeicheleien, sondern weil es ihr immer unangenehm ist, solchem Gebrüll beizuwohnen. Selbst wenn es ganz friedlich abläuft. Für die Fußballmenschen ist es normal, so wie Atmen. Von außen betrachtet wirkt es befremdlich. Übertrieben. Im Grunde geht es ja nur um Vorlieben. Ebenso gut könnte einer in den Supermarkt spazieren und an der Gemüsetheke rhythmisch zum Versmaß von »Einer geht noch!« grölen: »Ich nehm Rotkohl, du nur Brokkoli! Ich nehm Rotkohl, du nur Brokkoli!«

Da würde man beim Zugucken auch rot werden.

»Bei der Rückreise habt ihr euch aber Zeit gelassen«, sage ich.

Der Delegierte wackelt mit dem Kopf: »Nach Niederlagen hängt man irgendwie neben dem Leben. Da ist es schwer, wieder Anschluss zu finden.« Er lacht über sein eigenes Wortspiel und bekommt einen Hustenanfall. Dann lässt er seinen Rucksack von der Schulter gleiten. »Wir haben euch was mitgebracht«, sagt er.

Oh nein, denke ich mir.

Bitte keinen Wimpel oder so etwas. Keinen neuen Staubfänger.

Er zurrt den Rucksack auf und sagt, während er darin herumsucht:

»So, da!«

Zum Vorschein kommen zwei Packungen Halloren-Kugeln. Die beste Süßigkeit der ehemaligen DDR.

Der Delegierte verteilt die Zuckerschätze an Annika und mich.

Am liebsten würde ich den netten Männern jetzt verraten, was sie in Leipzig alles verpasst haben. Ich zum Beispiel bleibe, wenn ich dort bin, gerne in der Vodkaria hängen, einer urigen Kneipe, die, wie der Name schon sagt, eine gewisse Affinität zum russischen Nationalgetränk hat. Sage und schreibe vierhundert Sorten des klaren Gesöffs stehen dort parat und dazu allerfeinste Kost. Das würde ich ihnen empfehlen, wenn ich in Leipzig arbeiten würde. Ja, das würde ich.

»Mag ja sein, Chef«, sagt der Delegierte, »aber was kannst du uns heute noch hier so in der Nähe empfehlen?«

Oh.

Da habe ich wohl eben laut nachgedacht.

Jetzt soll ich was zum Hingehen empfehlen. Samstag in der Frühe, kurz nach sieben.

Ich reiße einen Mitnehmstadtplan vom Block und knipse den Kugelschreiber auf. »Hier, gucken. Da ist die Karlstraße. Da lang, dann Grupellostraße. Siehst du? Hier?« Ich kreuze das Ziel an und schreibe den Namen der Gaststätte daneben auf die Karte. »Der Chef heißt Ahmet, und der ist im

Gegensatz zu mir übrigens tatsächlich der Chef in dem Laden. Macht allerdings schon um fünf Uhr am Montag wieder zu. Der trauert sicher gerade auch wegen dem Unglück der Fortuna.«

Der Delegierte klopft auf die Theke und dreht sich wieder zu seinen Leuten um: »Der Mann hier ist eine Wucht! Alle mir nach!«

Den Rest der Schicht verlustieren Annika und ich uns mit den Halloren-Kugeln. Zeitig trifft die Ablöse ein, und ich beschließe, den geraden Weg nach Hause durch einen Spaziergang zu ersetzen. Ich war bereits vor der Schicht auf einen Kaffee bei Ahmet, da rahmt es den Lebensabschnitt doch schön ein, nun auch auf dem Heimweg mal reinzuschauen.

Gelassen bahne ich mir den Weg durch die Straßen meiner Stadt. Es gibt Menschen, die können mit ihr nichts anfangen, weil sie Vorurteile pflegen. Nur Reiche, nur Schnösel, nur Sushi und Sektflöten.

Dabei hat Düsseldorf alles, was Berlin auch hat.

Grüne Parks.

Dunkle Wälder.

Vororte.

Nachorte.

Neustadt und Altstadt.

Und jede Menge schäbige, heruntergekommene, ungepflegte, von Kriminalität und Geringschätzung des Daseins geprägte Viertel, äh, Verzeihung, ich meinte natürlich: Jede Menge charmanten Kiez.

Ahmets Kneipe liegt in einem Viertel, das wirklich charmant ist. Er hat offen. Natürlich. Für den frühen Morgen ist es laut in den urig vertäfelten vier Wänden. Der Beamer ist eingeschaltet und wirft Videos von YouTube an die Wand. Tore und Jubel aus längst vergessenen großen Tagen der Fortuna, auf ewig archiviert im visuellen Gehirn der Menschheit, das seinen Sitz in Kalifornien hat. Und wer sitzt da, mittlerweile vor riesigen Krügen mit Kaffee statt mit Bier? Die fünfzehn Auswärtsfahrer.

»Merhaba, da bist DU ja schon wieder. Stress mit der Katze oder warum willst du noch nicht nach Hause?«, sagt Ahmet, als er mich erkennt und die Männer mich als »unseren Helden vom Bahnhof!« grüßen. »Man muss die Kunden feiern, wie sie fallen.«

Ich grinse, setze mich an die Theke, bestelle mir ebenfalls einen Krug von Ahmets ultrastarkem Wachmacher und schaue mir an, wie das Glück über den grünen Rasen kullert.

Nice People

Stünde ich auf billige Wortspiele, würde ich sagen: Wo bin ich denn hier *gelandet*? Sage ich aber nicht. Dennoch fühlt sich alles anders an, wenn man für eine Nacht nicht auf dem eigenen, heimischen Hauptbahnhof hinter dem Informationstresen steht, sondern einen Kollegen am Düsseldorfer Flughafen vertritt.

Moment mal, fragt sich da der Fachmann.

Nachtschicht?

Am Düsseldorfer Flughafenbahnhof?

Das ist doch so was wie Bielefeld. Gibt's nicht. Oder doch?

Nein, eigentlich nicht.

Aber im Jahre 2015, da ist alles anders.

Das erste Mal seit der Wiedervereinigung heißt es: Die Grenzen sind offen. Menschen machen rüber. Nach Europa. Nach Deutschland. Sonderzüge werden eingesetzt, denn die Menschen sind willkommen. Und die Züge voll. Jeden zweiten Tag kommt einer an. Erst im Wechsel mit Dortmund, später hat dann Köln die zweite Anlaufstelle übernommen, da es günstiger gelegen ist. Die Züge können ohne Halt durchrauschen. Und immer zum Flughafenbahnhof. Das macht die Abwicklung leichter. Die ersten Tage hielten die Züge noch in den Hauptbahnhöfen. Das war natürlich eine großartige Idee, dem gigantischen Gewusel, das dort ohnehin jeden Tag herrscht, noch die Anreise Tausender Menschen hinzuzufügen. Sechshundert Personen pro Zug sind schließlich keine Seltenheit. Dazu die ganzen Menschen von der Empfangslogistik. Freundliche Inländer, die einfach mal »Hallo!« sagen. »Schön, dass ihr hier seid.« Hilfsorganisationen, die kleine Fresspaketchen geschnürt haben. Die Bundespolizei, die Landespolizei und Vertreter der Bezirksregierung, die versuchen, alles zu entwirren und außerdem dafür sorgen, ehrenamtliche Dolmetscher herbeizuschaffen, da Arabisch oder Kurdisch im Rheinland nicht von jedem gesprochen wird. Sechshundert Einreisende, zweihundert Begrüßer. Nicht einfach in dem Gedränge.

Schnell hat man gemerkt, dass es sinnvoller wäre, auf andere Bahnhöfe auszuweichen. Die beiden Flughafenstationen Düsseldorf und Köln-Bonn zum Beispiel.

Da viele der Anreisenden nicht in den beiden Städten bleiben, sondern direkt weiterziehen, stehen Informationen und Tickets mittlerweile hoch im Kurs. So kommt es, dass dort, wo sonst mitten in der Nacht die Schotten dicht machen, nun die Fahrkartenverkäufer und wir vom Service Nachtschichten schieben.

»Guck mal«, sagt Annemarie, meine Kollegin für diese Nacht. Wir kennen uns erst wenige Stunden, haben aber bereits einen Draht zueinander wie Kinder mit Büchsentelefonen. Dabei sind unsere Geschmäcker sehr verschieden. Während ich kaum einen halben Tag ohne gemahlene Arabica-Bohnen überlebe, senkt sie in aller Ruhe wechselnde Teebeutel in ihre Tasse mit heißem Wasser. Am liebsten sind ihr Mischungen mit stimmungsvollen, exotischen Namen wie *Marokkanischer Masir* oder *Persischer Bazar*.

»Da, Andreas« – Annemarie zeigt auf eine frische Gruppe Flüchtlinge – »wie sie auf Facebook so zornig schreiben: nur junge Männer.«

Meine Kollegin lächelt verschmitzt. Die »jungen Männer«, auf die sie gerade deutet, sind kleine Jungs zwischen drei und sechs Jahren. Mit großen Augen tapsen sie an den Händen ihrer Mütter durch die Flughafenhalle und schauen sich die Architektur an wie die Brücke des Raumschiffs Enterprise. Entgegen der Hasstiraden im Internet sehen wir hier am Flughafen größtenteils ganze Familien anreisen. Trotz der Aufregung, die alle diese Menschen hinter sich haben, der völlig neuen Umgebung und der Menge an Fremden geht es in dieser Nacht wieder mal gesitteter und zivilisierter zu als weiland 1989 nach dem Mauerfall, als die ersten Züge aus »Karl-Marx-Stadt« auf Gleis 4 in Düsseldorf ankamen. Und die Menschen damals benötigten nicht einmal einen Dolmetscher.

»Ob die Internethetzer jemals einen Flughafen besucht haben?«, fragt Annemarie und pustet auf die dampfende Oberfläche ihres flüssigen persischen Basars mit Kaktusfeige und Zimt, der in den Teestudios des ostfriesischen Seevetals hergestellt wird.

»Weißt du, was ich bei den Trollen vermute?«, frage ich.

Annemarie schüttelt den Kopf und nippt an ihrer Tasse.

»Das sind alles junge Männer. Junge Männer mit viel zu viel Zeit und viel zu wenig Sex.«

Sie kichert.

An unserer Informationstheke kommt eine weitere Familie vorbei. Vater, Mutter und vier Geschwister. Zwei Mädchen, zwei Jungs. Die Mädchen im Teenageralter, die Jungs kaum wadenhoch. Also, wenn man von meiner Wadenhöhe ausgeht. Es ist eine ruhige Nacht. Keine Massen.

»Ich drehe eine Runde«, sage ich und Annemarie nickt. Nicht nur, dass ich einen Vorwand brauche, um mir frischen Kaffee zu holen – die Kontrollrunde gehört in diesen Nächten tatsächlich zu meinen Aufgaben. Nachschauen, ob alles ruhig ist. Prüfen, ob es allen gut geht. Inländern. Ausländern. Ankommenden. Abreisenden.

Ich besorge mir meine flüssigen Bohnen aus südamerikanischen Hochlandlagen und laufe die Bahnsteige ab. Die Ersten warten bereits zwischen Raucherzone und Fahrplanaushang geduldig auf ihren Zug, der in fünf Stunden ankommt. In *fünf* Stunden. Aus einer Traube von Menschen vor dem Reisezentrum höre ich vertraute Töne. Töne auf Deutsch. Leider sehr laut. Laut und giftig. Ich gehe rüber. Noch bevor ich »Guten Tag« sagen und fragen kann, ob hier jemand Hilfe benötigt, fliegen mir aus dem Gebiss eines grimmigen Germanen faulige Fetzen forscher Wut entgegen.

»Was fällt Ihnen eigentlich ein⸮«, schimpft der Mann, eine vom Alter her schwer einzuschätzende Gestalt in grauer Allzweckjacke, deren Bartschnitt an Bernd Stromberg erinnert.

»Wem, mir persönlich oder …⸮«

»Ja, Ihnen allen da von der Deutschen Bahn! Wieso bevorzugen Sie diese Leute⸮«

Mit »diese Leute« meint der Mann augenscheinlich alle ausländisch aussehenden Reisenden, die keine Japaner sind und deren Rollkoffer von günstigeren Firmen als Rimowa hergestellt wurden.

»Ich zahle Steuern!«, blafft der Mann weiter. »Und es heißt Deutsche Bahn, oder nicht⸮ Oder heißt es Mullah-Bahn⸮ Na⸮«

Ich weiß nicht so recht, was ich antworten soll. Wie

kann man einen Anfang machen, wenn die Dummheit des Gegenübers kein Ende kennt?

»Das ist doch eine Invasion«, sagt der Mann. »Das sind alles Schläfer. Schläfer und Beischläfer!«

Jetzt schaut er sich in der Runde der Umstehenden um, nach Applaus heischend. Die Leute sind allerdings eher peinlich berührt, als dass sie laut loslachen, zustimmen oder umgekehrt widersprechen. Sie verspüren Fremdscham. Also auch alles wie bei Bernd Stromberg.

Schmerzfrei hetzt der Mann trotzdem weiter.

»Die kommen hierher, ziehen in unsere Häuser ein und schwängern unsere Töchter! Die Mädels himmeln alle diese Südländer auch noch an! Kein Wunder, wo hier im Lande unter den deutschen Jungs nur noch Lullis herumlaufen. Und für die zahle ich ja auch noch!«

Ich prüfe in den Augen, ob der Mann heute schon dem Nervengift gefrönt hat. Aber wie auch sonst überall ist an dem Mann nichts Rotes zu erkennen.

»Sie zahlen also Steuern?«, frage ich.

»Und ob!«

»Und?«, frage ich. »Wo steht Ihr Zelt?«

»Wie, Zelt?«

»Na, Sie werden doch ausgenommen wie eine Weihnachtsgans und sind bereits aus Ihrem Haus geworfen worden, damit Flüchtlinge dort einziehen und Ihre Tochter schwängern konnten.«

»Ich habe einen Sohn«, sagt der Mann. »Und der ist übrigens kein Lulli!«

»Sie leben nicht auf der Straße?«

»Natürlich nicht!«

»Haben Sie auch ein Auto oder fahren Sie nur Bahn wie die Flüchtlinge?«

»Audi!«, sagt der Mann.

»Lieblingsverein?«, frage ich, ziemlich willkürlich, aber Autos und Fußball sind nun mal die Dinge, auf welche die meisten deutschen Männer so schnell und willenlos reagieren wie Hunde aufs Stöckchen, was ich persönlich überhaupt nicht teile.

»Nur der BVB!«, sagt der Mann.

»Dauerkarte?«, frage ich.

»Aber hallo!«, sagt der Mann.

»Sie haben also einen Sohn, einen Audi und eine Dauerkarte für einen Fußballverein, sind aber ärmer dran als die Leute, die hier bei uns aus der Ferne eintrudeln?«

»Ja, warten Sie mal ab, bald habe ich das alles nicht mehr!«, schimpft er. Es klingt fast so, als würde es ihn enttäuschen, träte diese apokalyptische Zukunft nicht ein. Die Umstehenden lösen sich langsam auf und lassen ihn bei mir stehen. Stromberg verliert sein Publikum.

»Aber selbst wenn ich das alles noch habe«, sagt er und konzentriert sich jetzt nur noch auf mich, »dann lebe ich nicht mehr in Deutschland, sondern in Neu-Afghanistan! Und Leute wie Sie, die dabei auch noch mithelfen, haben uns alle verraten!«

Zornig und final stößt er seinen Zeigefinger in die Luft, als wolle er mich mit der gedachten Verlängerung davon aufspießen wie früher Robert Patrick als flüssiger Terminator 1000, der mit der Fingerspitze auf die Stirn seines Opfers zielte und den Kopf mit einem frisch gebildeten Meter spitzen Stahls durchbohrte.

Ich nippe an meinem Kaffee. Der Mann dreht ab. Bevor er verschwindet, sage ich: »Warten Sie.«

Er bleibt stehen.

Ich sage: »Nach Paragraf 18, Absatz 33 der Bahnverordnung bin ich verpflichtet, jede Beschwerde, die mir gegenüber geäußert wird, weiterzuleiten, ob sie mir persönlich nun passt oder nicht.«

Der Mann grinst. Er glaubt mir. Endlich wird er gehört. Haben wir also doch noch einen Rechtsstaat.

Ich zücke einen Kugelschreiber sowie den winzigen Notizblock in A6, den ich stets in meiner Innentasche habe, und sage: »Ich brauche dafür allerdings einen Namen.«

Voller grimmigem Stolz sagt der Bahnkunde, der sich gegen den Dolchstoß in den Rücken seines Volkes wehrt: »Czerwinski!«

Ich lasse ihn stehen und ziehe weiter durch den nächtlichen Bahnhof, den Block wieder in der Tasche und meinerseits ein grimmiges Lächeln auf den Lippen. Im Internet und Nachschlagewerken wie *Unnützes Wissen* wird seit geraumer Zeit die Ente verbreitet, es gäbe eine Wissenschaft von der Dummheit, genannt »Morologie«. Die wenigen Artikel zu dieser »Disziplin« im Netz sind allerdings wirklich nicht übel. Eines der dort erörterten Gesetze besagt, dass Dummheit ansteckend ist. Sie greift auf andere Menschen über und veranlasst Gruppen dazu, sich immer dämlicher zu verhalten. Während Tiere im Schwarmverhalten tatsächlich stärker werden, verlieren Menschen in Massen ihren eigenen Verstand und delegieren ihn an irgendwelche Anführer, damit es am Ende keiner gewesen ist. Außerdem tun sie so, als wären sie Opfer, die sich »nur gewehrt« haben, denn wer sich wehrt, lebt nie verkehrt. Auch wieder ganz frisch im Internet zu finden: Verschwörungstheorien darüber, wer all die »Invasoren« angeblich gezielt ins Land lenkt und ihnen über geheime Apps auf den Smartphones »Marschbefehle« gibt, damit sie ganz Europa zugunsten der

internationalen Finanzelite »destabilisieren« und zum Aus-
schlachten bereit machen. Dreimal dürfen Sie raten, wer
angeblich dahintersteckt. Genau. Die »Rothschild-Juden«.
Womöglich sollte man die Morologie wirklich zur echten empirischen Disziplin erklären und die menschliche
Dummheit systematisch erforschen. Das Feld liegt frucht-
bar dar, und das Ganze wäre mangels Material noch ohne
Plagiatsgefahr.

Ich atme die kühle Luft der Nacht ein und leere meinen
Becher. Ganz hinten, am Ende der Gleisbrücke, sitzen
Leute auf dem Boden, obwohl es Bänke gibt. Das weckt
meine Neugier. Drei Erwachsene und zwei kleine Kinder.
Ein Mädchen und ein Junge. Eine der Frauen ist offensichtlich hochgradig schwanger. Da sitzen sie und warten. Aber
auf was? Nach meinem Dafürhalten sollten sie da nicht sitzen. Seit die Menschen über die Flughafenbahnhöfe ge-
lenkt werden, läuft doch alles in bewundernswert geordneten Bahnen. Eine große Halle, in der man vernünftig etwas
zu essen anbieten kann und genug Ruhe hat, um die Personen je nach Kontingent der Aufnahmeorte aufzuteilen.
Busse können bis vor die Türe fahren. Bis zu drei Dolmetscher stehen zeitgleich am Fahrkartenschalter, einige auch
an den ebenfalls umlagerten Automaten. Freiwillig. Ohne
Bezahlung. Und das, obwohl sie von ihrem Geld Steuern
abführen. Doch diese Familie hockt auf dem Boden, da sie
zu denen gehört, die sich nicht groß traut, weiter um Hilfe
zu bitten. Das geflügelte Wort, jemanden dort abzuholen,
wo er sich gerade befindet, ist wie für sie erfunden.

In der Annahme, dass sie Arabisch sprechen, rufe ich
einen Kollegen vom Zoll an, den alle nur »Momo« nennen, nach der Heldin aus dem Klassiker von Michael Ende.

Selbstverständlich ist der Spitzname als Kompliment gemeint, auch wenn es sich bei dem liebenswerten Kollegen
um einen jungen Mann handelt. Wie kann man dieses cou-
ragierte Mädchen aus dem Jugendbuch schließlich nicht
mögen? Ich besorge mir einen neuen Becher und warte mit
dem Ansprechen der Familie, bis Momo vor Ort eingetroffen ist. Wie sein Vorbild aus Endes Geschichte schaut er die
Leute so freundlich wie neugierig an.

»Hal yūġadu aḥadun hunā yataḥaddaṯu l-almāniyya?«
Die Schwangere reagiert so dankbar wie hilflos.
»Hal yūġadu aḥadun hunā yataḥaddaṯu l-inġlīziyya?«
Schulterzucken. Aufgeregte Gesten.
Arabisch ist es wohl nicht.
Momo versucht es auf Türkisch.
Auch nicht.

Gut, dass der zu Hilfe gerufene Zollkollege aus Bottrop
auch noch fließend Kurdisch spricht. Gerade beginnt er
seine Frage in der Sprache des Sultans Saladin, da steht das
kleine Mädchen vom kalten Bahnhofsboden auf und beginnt, uns auf Englisch ihre Lage zu erläutern. Das Mädchen ist sechs, »nearly seven!«, wie sie betont, und spricht
besser Englisch als die meisten deutschen Schulkinder in
diesem Alter, die schon in der Kita damit anfangen. Ihre
Familie sei gestern Abend aus München angekommen, wo
sie »nur« zwei Tage aufs Weiterfahren gewartet hätten und
wo alle Menschen sehr nett zu ihnen gewesen wären, also
wirklich: »All, all, all!«

Momo und ich hören ihr zu, wie man Meister Hora zu-
hören würde, wenn er die Zeit anhält.

Vor München war die Familie vier Tage lang in Wien,
erzählt die Kleine und auch dort: »Nice people. Very nice
people!«

Insgesamt waren sie über fünf Monate unterwegs, sagt sie, und ich hebe kurz meine Hand vom Kaffeebecher, weil ich glaube, mich verhört zu haben.

»Sorry«, sage ich. »Did you say five months?«

Die Kleine nickt. Ihre Augen glänzen dabei, als wäre alles ein großes Abenteuer. Anstrengend, aber erlebenswert.

»From where?«, frage ich.

»Kabul«, antwortet sie.

»By feet?«, frage ich.

»Yes«, sagt sie.

Ich schlucke.

Zu Fuß.

Nach Wien.

Von Kabul aus.

Ich persönlich kenne niemanden, der am Samstag ohne Auto zum Einkaufen beim *real,-* eintrifft. Auch dann nicht, wenn er nur eine kleine Rucksackfüllung Brötchen, Käse, Limo, Bier und Cervelatwurst mitnimmt.

Irgendwann haben sie zu Fuß die Türkei erreicht, berichtet das Mädchen weiter, eine ländliche Gegend mit vielen »koban«, also Bauern. »Poor people«, sagt sie, aber »good heart, very good heart.«

Später ging's dann übers Mittelmeer nach Griechenland. Die Männer, welche das Boot organisiert hätten, waren »not so polite, but okay.«

Nicht so höflich, denke ich, das ist auch mal eine Beschreibung für raffgierige Schleuser, die Menschenleben aufs Spiel setzen.

Die Griechen selber hätten ihnen dann wieder geholfen, kaum dass sie ihre Füße auf deren Land gesetzt hätten. Obwohl sie selbst »not much« hätten, gab es für die Familie Unterkunft, Essen und kleine Geschenke. Das Mädchen zeigt auf einen zerrupften, aber putzigen Teddy in der Hand ihres winzigen Bruders, der das Gespräch mit großen Augen verfolgt, obwohl er nichts versteht. Der flauschige Bär war mal weiß und wedelt mit der griechischen Flagge. »Philos«, sagt sie, der Bär sei ein »Philos«. Selbst Momo zuckt mit den Schultern, und ich googele nach. »Filos« ist griechisch für Freund. Ihre Mutter – sie zeigt auf den runden Bauch – sei im achten Monat schwanger. Die beiden anderen Erwachsenen seien der Bruder ihres Papas und dessen Frau. Der Papa selbst sei unterwegs, um die Familie hier abzuholen und zu sich zu bringen. Er kam ins Land, nachdem die erneute Schwangerschaft seiner Frau bekannt wurde, um so schnell wie möglich etwas vorzubereiten. Eine Zuflucht. Vorfahren. Machen. Die Familie nachholen, unter der Obhut des Bruders.

»My daddy is a rich man«, sagt das Mädchen stolz und macht ihren Rücken gerade, »he has a room with a door and a colour TV.«

Ich lasse den Satz sacken.

Mein Vater ist ein reicher Mann. Er hat ein Zimmer mit Tür und einen Farbfernseher.

Wie soll ich das sagen, ohne dass es angesichts meines Berufes und meines Dauertickets für alle Strecken wie ein blödes Wortspiel klingt? Ich sage es trotzdem: Ich bin ein Mensch, den nicht vieles aus der Bahn wirft.

Dieser Satz von der Kleinen, die fünf Monate lang aus Kabul nach Düsseldorf gereist ist, allerdings schon.

Mein Vater.

Ein reicher Mann.

Der Nächste, der in diesem Land herumheult, weil er an Weihnachten nur ein weißes iPhone mit 64 Gigabyte statt ein schwarzes mit 128 bekommen hat, kann sich gerne mal bei mir in der Service-Schlange einreihen und sich ein paar schallende Backpfeifen in High Definition und Dolby Surround abholen.

Momo und ich holen der Familie ein paar Snacks aus der Vorhalle. Ich mache einen Zwischenstopp bei Annemarie und erzähle ihr die Geschichte der kleinen Kontinentwanderin. Sie ist gerührt und muss erst mal einen ordentlichen Schluck *Ägyptischer Amun* zu sich nehmen. Eine nach Afghanistan benannte Teesorte hat Meßmer augenscheinlich noch nicht erfunden.

Momo und ich verbringen noch eine Weile bei der Familie, als tatsächlich der »reiche Vater« erscheint. Natürlich sieht er nach meinem dekadenten westlichen Dafürhalten nicht reich aus. Die Familienmitglieder umarmen sich. Viele Worte. Viele Tränen. Der »rich daddy« hat sich die deutsche Sprache längst sehr passabel draufgeschafft und dankt Momo und mir dafür, dass wir uns um seine Leute gekümmert haben. Fest drücken sich die Kinder an seine Hosenbeine. Seine hochschwangere Frau kann ihr Glück nicht fassen, dass all dieser Wahnsinn tatsächlich funktioniert hat. Als sie mit ihrem Schwager, dessen Frau und den beiden Kindern aufbrach, war ihr Bauch noch kaum gespannt gewesen.

Ihr Mann, der damals vorgereist ist, kommt aus Frankfurt, wo er als Pizzabote arbeitet.

»Es ist nicht nur ein Zimmer mit Tür«, lacht er, als wir ihm von der Erzählung seiner Tochter berichten. »Ich habe schon eine Wohnung. Zwei Zimmer. Nicht groß, aber meine. Sauber und warm. Was will man mehr? Das wichtigste Glück meines Lebens ist doch gerade hier angekommen!«

Er wuschelt seinen Kindern liebevoll durch die Haare. Der Chef der italienischen Pizzeria, für die er arbeitet, ist türkischer Abstammung. Kaum war er damals aus Afghanistan angekommen, half ihm der »Boss« dabei, den Führerschein zu machen und Deutsch zu lernen. Die zwei Zimmer mit Farbfernseher gehören zum Haus des Restaurants. Der Boss lässt ihn dort wohnen. Mietfrei. Freiwillig. Um die Familie heute Abend hier abholen zu können, hat er ihm sein Auto geliehen.

Ich frage nach der Adresse und tippe sie in mein Handy. Das nächste Mal, wenn ich in Frankfurt bin, weiß ich, wo ich Pizza essen gehe.

Als ich die Familie gut versorgt auf dem Weg nach Frankfurt und Momo wieder seiner nächtlichen Dienstwege gehen weiß, kehre ich an die Infotheke zurück und bitte Annemarie, nun doch auch mal mir alter Kaffeetante einen ihrer magischen Tees einzuschenken. Einfach was sie denkt, was zu mir passe.

Sie wirft den winzigen Wasserkocher an, den sie heimlich betreibt, und kramt in den Sorten.

»Hier«, sagt sie, »nach dem, was du gerade erzählt hast, nimm mal den *Türkischen Bayram*.«

Wir lassen den Beutel ziehen. Ein Duft nach Äpfeln und Feigen entsteigt der Tasse. Ich denke an die Englisch sprechende, fast siebenjährige Afghanin und versuche mir vorzustellen, wie es sich anfühlen muss, nach fünf Monaten Marsch durch Felder, Berge und Bauernschaften sowie Mittelmeerüberquerungen mit »nicht ganz so höflichen« Schleusern nun auf der Rückbank eines Autos zu sitzen und die Nachtlichter der deutschen Autobahn an der Scheibe vorbeiziehen zu sehen, während die Wohnung über der

Pizzeria wartet, wo das Fernsehen Farbe hat und keine Taliban unten auf der Straße herumlaufen, die einem die Schule verbieten.

Annemarie sagt: »Fertig.« Ich nehme die Tasse und nippe am Tee.

Kann man machen.

Aus meiner Jackentasche ziehe ich den kleinen Notizblock, streiche den Namen des Vaterlandsretters von vorhin durch und notiere mir, dass ich meinen Boss mal fragen möchte, ob er mir mietfrei einen dieser wunderbaren ungenutzten Exbahnhöfe zur Verfügung stellen würde. Ich bräuchte darin auch nur zwei Zimmer. Den Rest würde ich für Gäste aufmachen, die wissen, was sich gehört.

Sammlerwerte

Endlich wieder daheim. Keine Flughafenvertretung, sondern die gute alte Heimat Hauptbahnhof. Zurzeit auch nicht ohne Aufregung, manchmal aber doch in den Nächten fast so ruhig wie in den Zeiten vor der großen Einwanderungswelle.

Annika trinkt Kaffee und führt die Recherchen zu Krefeld fort, die neben Willi und mir nun auch sie infiziert haben.

Ich berate einen Kunden.

»Also«, fragt dieser, »Sie haben doch bei der Bahn diese Frühbucher-Rabatte.«

»Ja.«

»Also Sparpreis, wenn man richtig pünktlich bucht?«

»Genau. Ab 29 Euro für Fernreisen und schon ab 19 Euro für Strecken bis zu 250 Kilometer.«

»Und ich buche dann wie früh?«

»Bis zu drei Monate vor dem Reisetag.«

Der Kunde schnippt mit den Fingern. Er trägt Jeans, ein gestreiftes Hemd unter einer schwarzen Anzugjacke und eine Fliege. Es ist 2:30 Uhr, aber Anzeichen allzu starker Alkoholisierung sind nicht festzustellen. Nur die Fliege irritiert mich.

»Jetzt liegt genau da meine Frage«, sagt er. »Was ist denn,

wenn ich *vier* Monate vorher buche? Oder *fünf*? Wird das dann billiger?«

Ich schmunzele, denn ich muss an Loriot denken. *Pappa ante portas*. Mein Name ist Lohse, ich kaufe hier ein. Die Verhandlung über den Mengenrabatt beim Senf.

»Sie können nur bis maximal drei Monate vor Abfahrt Tickets buchen. Oder überhaupt eine verbindliche Auskunft bekommen.«

»Wie? Sie könnten mir zum Beispiel jetzt für eine Fahrt in einem Jahr keine Auskunft geben?«

»Nur auf Basis der Annahme, dass der Fahrplan ungefähr gleich bleibt. Also nicht verbindlich.«

»Das ist doch unmöglich, so was.«

»Wie lange in die Zukunft reicht Ihre Fernsehzeitung?«

»Vier Wochen.«

»Sehen Sie.«

Wütend greift der Mann an seinen Hals, nimmt die Fliege ab und stopft sie in seine Tasche. Sie war bloß zum Anstecken.

»Lange sitzen Sie nicht mehr hier!« Er stapft davon.

»Andreas ...«, sagt Annika.

»Was denn?«

»Die Fernsehzeitung?«

»Ja, nun ...«

»Ich fände die Idee gar nicht übel mit den Superfrühbucher-Rabatten«, sagt Annika. »Stell dir mal vor: Einer, der jetzt schon verbindlich für Ostern 2050 einen Sitzplatz im ICE bucht, bekäme dann sogar 29 Euro ausgezahlt.«

»Du solltest Bahnvorstand werden«, sage ich, »wir kämen so was von in die schwarzen Zahlen.«

Der nächste Kunde nähert sich. Ganz schön was los für die tiefe Nacht. Es handelt sich um einen achteckig gebauten Mittzwanziger mit rosigen Babywangen und runder Gregor-Gysi-Brille. Er legt einen Fahrschein auf die Theke.

»Preis, bitte.«

»Wie, Preis?«

»Na hier. Preis.«

Die Ökonomie der Worte bei Nacht. Ich halte meine Nase in den Sprachwind. Auch hier: keine Alkoholisierung zu bemerken.

Ich schaue mir den Fahrschein näher an.

Ein Ticket vom 11. September 2001.

»Öhm…«

Die Gysi-Brille sagt: »Ja, nun. Welchen Sammlerwert hat das?«

Annika ist sichtlich gespannt auf meine Antwort. Ich muss mich erst mal sortieren. Dreißig Jahre im Beruf, aber die Frage nach dem Sammlerwert von Zugfahrkarten an historisch bedeutsamen Tagen hat bis jetzt noch niemand gestellt.

Ich werde neugierig: »Sammeln Sie alle Ihre Fahrscheine?«

»Wieso?«

»Na, Sie können ja damals nicht gewusst haben, was an dem Tag passiert.«

»Nein. Habe ich auch nicht. Ich war unterwegs, *während* der Anschlag passierte. Es gab ein bisschen Gemurmel irgendwo im Waggon. Irgendjemand hatte wohl damals schon ein Handy. Oder ein kleines Radio. Jeder weiß noch, wo er an diesem Tag gewesen ist, morgens. Ich war im Zug.«

»Das heißt, Sie haben auch einen Fahrschein von, sagen wir mal, dem 1. Mai 2004?«

»Was war da?«

»Die Europäische Union wurde um zehn Mitglieder erweitert. Estland, Lettland, Litauen, Malta, Polen, die Slowakei, Slowenien, die Tschechische Republik, Ungarn und Zypern.«

Ich grinse stolz.

Annika ist baff.

So ist das, wenn man zu Hause zur Berieselung nicht RTL, sondern grundsätzlich N24 laufen lässt.

Der Sammler tippt auf seinen Fahrschein vom 11. September: »Was ist das wert?«

»Sie fragen mich das ernsthaft, oder?«

»Natürlich.«

Was für eine herrliche Nachtschicht.

Ich überlege kurz und sage: »Kluger Mann.«

Annika staunt.

Der Kunde nickt, als sei er zufrieden, dass ich endlich meine reguläre Arbeit mache.

Ich sage: »Augenblick. Da muss ich die Wertschätzungsstelle anrufen. Die ist Teil der DB Archiv & Memorabilia. Ich weiß nicht, ob da nachts einer arbeitet.«

»Versuchen Sie's.«

Ich setze mich vor den Rechner und sage: »Muss eben die Nummer nachgucken.«

In Wirklichkeit öffne ich eBay und gebe als Suchbegriff »11.09.2001« ein. Es erscheinen 23 Angebote.

Ich tippe die Nummer meines eigenen heimischen Festnetztelefons. Der AB geht ran.

Ich sage: »Ja, guten Tag, Schorsch hier, Information Düsseldorf. Das ist ja wunderbar, dass tatsächlich einer bei Ihnen wach ist. Ja… ja. Nein, der frühe Vogel fängt den Wurm, das stimmt. Also, ich habe hier einen jungen Mann stehen, der braucht eine Einschätzung zu einem Fahrschein vom 11. September 2001. Können Sie mir da die grobe Hausnummer nennen?«

Der Sammler lächelt gespannt und knetet seine Daumen.

Er glaubt wirklich, dass ich die DB Archiv & Memorabilia anrufe. Möglich, dass er was genommen hat, das man nicht wie Alkohol riechen kann. Wahrscheinlicher ist aber, dass er wie die meisten unter der wahnhaften Vorstellung leidet, unsere Leitungen führten in alle Büros der Erde und des Himmels.

Annika kann kaum an sich halten.

Mein heimischer AB piept und ist bereits voll, also spreche ich etwas lauter, damit man das darauffolgende Besetzzeichen nicht hört. Ein paar Worte, und ich stelle den Ton des Hörers am Telefon leiser.

»Sie müssen eben nachgucken? Ja sicher, lassen Sie sich Zeit.«

Während die erfundene Mitarbeiterin der Wertschätzungsstelle sucht, scrolle ich durch die Angebote bei eBay. Es gibt Dollarnoten zum Andenken, Anstecker und einen Aufnäher der New Yorker Hafenpolizei. Vier gut erhaltene BILD-Zeitungen mit dem Titelblatt vom darauffolgenden Tag. Überschrift: »Großer Gott, steh uns bei!« Eine DVD mit Verschwörungstheorien. Eine akademische Arbeit über die Folgen für den Rechtsstaat. Ein atemberaubend pathetisches Poster mit einem Adler, der sich über die Türme beugt, und dem Slogan: »Never forget!«

Ich tue so, als ob die Dame vom Archiv wieder rangeht. »Was? Ja. Ein ICE-Ticket, ja. Nein, kein Regionalverkehr. Okay, ich warte.«

Der Sammler guckt.

Ich flüstere, den Hörer zuhaltend: »Es geht voran.«

Schnell scrolle ich weiter durch die Auktionen.

Die Idee, die der Sammler hat, hatten schon andere. Einer bietet einen Prospekt von Audi an, eine Werbebroschüre zum Cabriolet A4, die garantiert im Müll gelandet wäre, enthielte sie nicht als Erscheinungstag den 11.09.2001. Die Auktion steht bei vier Euro. Ein Bahnticket ist nicht zu finden. Ich ändere die Suche in »11. September«. Über zweitausend Angebote! Filme, Magazine, Bücher. Ich filtere: »Nur gebraucht.«

Die Dame im Archiv sagt: »Es gestaltet sich schwierig.«

Ich sage zu meinem Kunden: »Frau Breitenreiter sagt, es gestaltet sich schwierig.«

Zack, schon hat sie einen Namen.

Unter »gebraucht« sind es immer noch 776 Artikel.

Ich klicke auf den Unterpunkt: »Memorabilia/Geschichte und Politik«.

Der erste Treffer ist eine Ausgabe der Leipziger Volkszeitung vom besagten Tag. Sie wird angeboten für 255 Euro oder Preisvorschlag.

Ich scrolle runter. Mehr Zeitungen. Der Express. Das Limburgs Dagblad. Weitere Ausgaben der BILD. Die Schlagzeilen:

»Angst!«

»Terror-Bestie lebte acht Jahre in Deutschland.«

»Ist der Krieg noch zu verhindern?«

Ich sage: »Frau Breitenreiter sagt, Tageszeitungen von damals schwanken zwischen 45 und 255 Euro. Das weiß sie zufällig auswendig.«

Ich googele »Fahrschein« zum 11. September.

Jede Menge Fahrscheine, aber für kommende Fahrten.

Annika beobachtet, was ich auf dem Monitor mache und fragt sich wohl, wie ich jetzt den Dreh kriege.

Frau Breitenreiter spricht wieder mit mir.

Ich sage: »Ah. Ja. Tatsächlich? Nein! Gut. Sage ich ihm. Alles klar. Vielen Dank. Und noch gutes Sortieren heute Nacht.« Ich lege auf.

Der Sammler guckt erwartungsvoll.

»Halten Sie sich fest«, sage ich.

Der Mann hält sich fest. Also wörtlich. Seine Hände greifen die Kante der Theke.

Ich verkünde: »Es hat bislang noch *niemand,* und ich betone, *noch niemand*, einen Fahrschein dieses Tages aufbewahrt. Es gibt kein einziges Exemplar im Archiv, und soweit Frau Breitenreiter weiß, auch nicht auf dem Markt. Das heißt, Sie können preislich abrufen, was auch immer Sie wollen! Sie haben das Monopol!«

Der Mann strahlt.

Die runden Gysi-Gläser wie Sonnenscheiben in der Nacht.

»Geil! Ich danke Ihnen!«

Euphorisch geht er heim.

Annika sagt: »Ich habe den besten Job der Welt.«

Eine Weile lang geschieht nichts. Keine Kundschaft.

Annika recherchiert.

Sie sagt: »Wir machen das jetzt seit Wochen. Seit dieser Fahrgast unbedingt Krefeld vermeiden wollte. Ich tippe hier schon extraschlimme Suchbegriffe ein. *Grauen* und Krefeld. *Horror* und Krefeld. *RTL* und Krefeld. Aber da ist nichts Besonderes an der Stadt. Gar nichts.«

»Womöglich ist es das«, sage ich.

»Was?«

»Na, nichts Besonderes. Das ist doch das Schlimmste im Leben. Wenn es nichts Besonderes gibt.«

Ich überlege kurz, frischen Kaffee zu holen, aber die nächste Kundin schleicht sich an. Eine ältere Dame. Locker um die siebzig. Um diese Zeit! Ich schaue auf mein Handgelenk.

3:17 Uhr.

»Guten Morgen«, grüßt uns die Dame mit leicht brüchiger Stimme. Ihr Kopf wackelt sachte. Sie hält sich an der Theke fest. »Ich kann nicht schlafen.«

»Das tut mir leid«, sage ich. »Geht es Ihnen gut? Brauchen Sie einen Arzt?«

»Nein, nein. Es ist nur ... die Waldgeräusche sind weg. Und ohne sie kann ich nicht einschlafen.«

Wieder so ein Satz, der in dreißig Jahren noch nicht einmal gefallen ist.

»Umgezogen oder abgeholzt?«, frage ich.

»Wie?«

»Ist der Wald weg, weil Sie vom Land weggezogen sind oder weil man Ihnen den Forst vor der Haustür gelichtet hat?«

»Ich habe keinen Forst vor der Haustür. Nur einen Schlüsseldienst und eine Spielhalle.«

»Und wo kamen dann die Waldgeräusche her?«

»Ja, von CD natürlich! *Waldgeräusche* eben. Haben Sie so was nicht?«

»Öh, nein.«

Annika guckt, als wolle sie sagen: »Ist das süß!«

Die alte Dame sagt: »Und jetzt ist sie weg! Vom einen auf den anderen Tag. Ich muss sie irgendwie verlegt haben.«

»Die ist nicht weg«, sage ich. »Die findet sich schon.«

Ich muss daran denken, wie meine ehemalige Schwiegermutter früher ihre Lesebrille suchte. In der Schublade, auf dem Schrank, unter dem Schrank, im Balkonkasten. Spätestens dann sagte ich ihr, dass sie auf ihrer Stirn steckte. Ein bisschen Bewegung schadet nicht.

Die alte Dame sagt: »Können Sie denn da was machen?«

»Bei den Waldgeräuschen?«

»Ja. Alleine findet man so was doch nicht.«

Was für ein Ansinnen. Hole ich den Langen in der Uniform nachts um drei Uhr zu mir und lass ihn in Ruhe meine Wohnung durchwühlen. Das nenne ich mal Vertrauen in die Deutsche Bahn.

Ich sage: »Wo wohnen Sie denn?«

Annika sagt: »Andreas!«

Gut, das geht tatsächlich nicht. Den Dienstort verlassen und bei einer fremden Rentnerin die Bude auf den Kopf stellen. Vielleicht ist es ja auch ein Trick, und die Frau ist die Großtante des Chefs.

Ich frage: »Sohn? Enkel?«

»Beides.«

»Gut. Anrufen, morgen. Bescheid sagen. Waldgeräusche sind weg. Die finden Sie bestimmt wieder. Ganz sicher.«

Sie seufzt. »Dann muss ich heute Nacht wohl ohne auskommen.«

Ich sage, so warm brummend, wie ich kann: »Ja. Ist ja nicht mehr lang. Bald gibt's Frühstück.«

»Das stimmt!«, freut sie sich.

Denn *das* hat sich in den 125 Jahren seit Beginn des deutschen Rentensystems nie geändert. Erst arbeitet der Mensch ein Leben lang und träumt vom Ausschlafen. Dann geht er in Pension und steht um 6:45 Uhr kerzengerade in der Küche.

Die alte Dame trottet davon, um vor dem Frühstück vielleicht doch noch ein paar Stunden Schlaf zu kriegen.

Annika sagt: »Du hättest wirklich bei ihr den Receiver eingestellt, oder?«

»Klar«, sage ich. »Eines Tages wird es das geben. Die DB Fernsehen und Heimkino. Spätestens, wenn es die DB Archiv & Memorabilia gibt.«

Annika sagt: »Ich hole mal frische Flüssigdrogen.«

Ich danke ihr und öffne die Seite von eBay.

Vor genau einer Minute hat ein User namens *schienenmeister 77* unter den Andenken zu Geschichte & Politik einen Originalfahrschein des ICE vom 11.09.2001 eingestellt.

Startpreis: 2.500 Euro.

Die Nacht birgt viele Chancen.

Hamstern beim Amerikaner

Es gibt nur wenige Dinge im Leben, die wirklich unvernünftig sind.

Fahren ohne Führerschein.

Kugelfisch essen.

Nur mal eben in den Anfang der Dschungelshow auf RTL reingucken, damit man weiß, worüber die Leute so reden.

Oder: vor der Nachtschicht den ganzen Tag lang nichts essen außer ein paar Keksen und einen traurigen Apfel.

In der tiefsten Nacht oder am frühesten Morgen, je nachdem, wie man's betrachtet, brauche ich daher dringend was Festes zwischen den Zähnen.

GRRRRRAAAHHH!

Kollege Yannick schreckt von seinem Sudoku auf.

»Andreas? Hast du das gehört?«

»Was?«

GRRRRRAAAHHH!

»Da! Schon wieder!« Er springt in die Höhe. Eilfertig sucht er die Vorhalle mit den Augen ab. Da ist es wieder, sein Nachtschichtfieber.

»Wir haben einen Hund in der Halle!«

GRRRRRAAAHHH!

Ich zeige auf die Stelle zwischen dem ersten und dem

zweiten Knopf meiner Dienstweste. »Kein Hund. Mein Magen.«

Mein junger Kollege ist sichtlich enttäuscht. Das Betäubungsgewehr muss im Schrank bleiben. Er setzt sich wieder.

»Ich verstehe Sudoku nicht«, sage ich. »Kreuzworträtsel, das verstehe ich. Da lernt man was. Das ist kommunikativ. Da kann man sich sogar an manche Folgen erinnern. Da heißt es dann: Hey, weißt du noch neulich? Donauzufluss kreuzt Adelsgeschlecht? Das macht Sinn. Aber bei Sudoku? Hey, weißt du noch neulich, als die sechs links oben stand, diese raffinierten Hunde?«

»Geh was essen«, sagt Yannick.

Ich wuchte mich aus dem Stuhl.

Er hält mir die Thermoskanne hin. Unsere Überlebensration. »Und heute bist du dran mit Vollmachen.«

Bevor ich die Nahrungssuche beginne, stelle ich mich erst mal kurz vor die Tür. Thermoskanne abstellen. Rauchen. Nachdenken. Der Urzeitjäger stürzte auch nicht einfach los, ohne eine grobe Vorstellung davon, in was genau er seinen Speer hineintreiben wird. Ich zünde die Zigarette an und schaue über den Vorplatz auf die Reihe der Mietfahrräder, die Gleise der Straßenbahn und die erste Häuserzeile der Stadt.

Hier draußen könnte ich Döner haben, selbst um diese unmenschliche Zeit. Richtig guten. »Mit alles«, wie man so sagt.

Semmeln mit Leberkäse oder ähnlich Rustikales leider nicht.

Pizza? Ebenfalls Fehlanzeige. Selbst die letzte Pizzeria in der Altstadt hat schon lange dichtgemacht. Wäre eh zu weit.

In der ungemütlichen Nacht ist kaum ein Mensch unterwegs. Mikroskopische Tropfen liegen wie Spinnfäden aus Wasser in der Luft. Man kann es nicht mal nieseln nennen. Das ist die schlimmste Art von Feuchtigkeit. Ich ziehe schneller, drücke die Zigarette auf dem Aschenbecher der Mülltonne aus und gehe wieder rein. Im Warteraum neben unserer Information sitzen ein paar versprengte Gäste, die gleich die ganz frühen Züge nehmen müssen. Schweigend hocken sie da wie Delinquenten in der Gemeinschaftszelle. Nicht mal Zeitungen oder Handyspiele haben sie in der Hand. Wie schön die Welt doch wäre, würdet ihr einfach miteinander quatschen, denke ich unwillkürlich. Es ist ganz leicht. Kaffee trinken. Übers Wetter schimpfen. Die Bahn verfluchen. Ist doch alles besser, als in so einem Raum gemeinsam einsam zu sein. Miteinander reden erzeugt gute Laune. Deswegen heißt es doch Unterhaltung. Weil es unterhaltend ist, sich zu unterhalten.

»GRRRRRAAAHHH!«, schimpft mein Magen.

Ja, ist ja gut, du kriegst ja gleich was.

Das Sushi und die Chinapfanne gibt's nur tagsüber. Auch im Donut-Laden ist das Licht aus. Verdienter Schlaf.

Ein Baguette?

Oder doch lieber ein kurzer Besuch in der amerikanischen Botschaft?

»Du bist ja immer noch da!«, ruft Yannick.

»Jetzt bin ich weg«, sage ich.

»Wohin?«

»Goldene Möwe.«

»Dann bring mir doch bitte auch noch das Übliche mit.«

Ich gehe langsam los.

»Ach, Andreas?«

»Ja?«

Yannick tippt mit dem Kuli auf sein Heft. »Links oben steht die Acht. Diese raffinierten Hunde!«

Ich gehe durch den Bahnhof zum Futtertempel. Das Restaurant zur Goldenen Möwe. Gehasst und geliebt. Seit die erste Filiale in Deutschland eröffnet wurde, hat es einen ähnlichen Weg zurückgelegt wie die Daily Soaps, die Castingshows oder das Power Walking. Ganz zu Anfang hat es jeder ausprobiert, weil's neu war und man wissen wollte, was »die anderen« daran so toll finden. Dann gingen nur noch »die anderen« hin, aber niemals man selbst, wobei die Gewinne des Ladens trotzdem weiter stiegen. Es folgte eine kurze Flaute, weil plötzlich alle lieber »mehr Stil« und außerdem eine bessere Welt verlangten. Die Kette klebte dunkel getäfelte Cafés in ihre bunten Buden, führte Veggieburger und Bagels mit Frischkäse ein. Außerdem freies Internet für eine Stunde am Tag. Alle Kunden waren wieder da.

Heute Nacht allerdings nicht.

Alle Tische sind leer. Kein kleines Mädchen, das ihr Handy aufladen muss, weil man Neuigkeiten auch in der Nacht kundtun kann. Kann man sicher, aber wer soll sie vor halb sieben auf dem Schulweg lesen? In der Küche klappert etwas. Die Fritteuse piept.

Hausjunkie Mike lungert neben dem Abräumwagen herum und hält Ausschau nach Gästen, die er anschnorren kann. Er sieht müde aus. Wobei das bei ihm nichts bedeutet. Einen echten Wachzustand gibt's bei ihm wahrscheinlich ebenso wenig wie echten Tiefschlaf.

Zwei Gäste warten vor mir an der Theke.

Das wird schnell gehen. Vor allem, da die ganz einfachen Cheeseburger ja grundsätzlich immer schon fertig sind und in der Warmhalteschiene auf den hungrigen Kunden warten. Wobei »fertig« bei einfachen Cheeseburgern im Grunde genauso viel bedeutet wie »wach« bei Mike.

Ich hoffe, dass die Wünsche der »Schlange« vor mir einfach zu erfüllen sind. Sie besteht aus zwei Personen, einem Typen in aufgeplusterter Techno-Jacke und einer jungen, blonden Frau mit großen Augen und hamsterartigem Gesicht. Sie hat diesen Blick drauf, der Väter und feste Freunde nach einer Weile weich im Gehirn macht. Ein mädchenhaftes, halb fragendes und halb bittendes »Wasch mich, aber mach mich nicht nass!«

Der Techno-Typ vor ihr ist dran. Weiße Schlabberhose mit herunterhängenden Schlaufen. Übergroße Turnschuhe mit Sohlen, die ihn zwanzig Zentimeter größer machen.

Er ordert.

Laut.

Viel zu laut.

Das Hamsteraugenmädchen zuckt ein wenig zusammen.

»Viermal 20er-Nuggets und vier Cola. Groß. Keine Pommes. Und schnell, ich habe es eilig!« Nervös tippelt er auf seinen zu Schuhen gewordenen Luftkissenbooten hin und her und guckt hinter sich zur Tür Richtung Gleistunnel. Ich schaue auf die Uhr. Die S1 kommt in exakt vier Minuten. Wahrscheinlich stehen seine drei Kumpels bereits oben auf dem Gleis und haben ihn noch schnell runtergeschickt.

»Das dauert aber etwas«, sagt der Kassierer mit dem Blick eines desillusionierten Englischlehrers.

Die Plusterjacke überlegt. Achtzig Nuggets in vier Minuten. Macht exakt drei Sekunden pro Nugget. Es sei denn, der Amerikaner hat mitten in der Nacht einen Berg Nuggets bereits fertig erhitzt irgendwo rumliegen.

Der Kassierer tippt die Bestellung in die Kasse und sagt:

»Ich bringe es dann an den Tisch.« Er stellt ein Tablett auf den Tresen und pfeffert das kleine Stahldreieck mit der Wartenummer darauf, anhand derer er später in dem heillos überfüllten Lokal den Kunden wiedererkennen wird, der achtzig Nuggets wollte.

»Alter! Ich will das Zeug mitnehmen. Sehe ich etwa so aus, als würde ich alleine hier am Tisch achtzig Nuggets fressen und dann noch zwei Liter Cola drüberkippen?«

»Es gibt keinen Grund, aggressiv zu werden«, sagt der Kassierer. Es ist nicht seine erste Nachtschicht.

Der Junge, der auf großem Schuh lebt, motzt: »Ich hab nur keine drei Minuten, du Spast!«

»Dann nehmen Sie doch einfach ein paar Burger. Die sind schon fertig.«

»Weißt du was? Friss deinen Scheiß doch alleine!« Fluchend macht sich der nette Zeitgenosse auf den Weg, um seinen Leuten oben auf dem Gleis ohne Nahrung entgegenzutreten.

Jetzt wäre eigentlich das Hamstermädchen dran. Sie könnte schnell ihre Bestellung abgeben, zahlen, sich die Tüte oder das Tablett schnappen und Platz für den hungrigen alten Mann machen. Allerdings ist sie noch verwirrt vom Zorn des Techno-Teufels. Und außerdem hat sich gerade eben Mike an sie herangeschlichen. Ohne sie anzusehen, schnorrt er sie an und lässt seine Platte laufen.

»Könnensiemirhelfenmeinemutterliegtinkölnimkrankenhausundwirdbaldsterben...«

Das Hamstermädchen hört sich die gesamte Leier an. Sie kennt ihn wohl noch nicht, vielleicht ist sie bloß auf der Durchreise. Ihre Augen werden immer größer. Als sie Mike ihre Spende für seine sterbende Mutter gibt, hebt er den Blick und sieht sie tatsächlich an. Erstaunt und entsetzt.

Klimpergeld kriegt er immer, das ist er gewohnt. Aber einen Fünf-Euro-Schein?

Es geschieht das Unglaubliche.

Er lächelt.

Mike kann lächeln!

Noch dazu spricht er das Wort aus, das in der Gesellschaft allgemein und auch in Mikes üblichem Autopiloten sowieso längst ausgestorben ist.

»Danke.«

Also, er sagt wirklich »Danke«. Nicht »dange« oder »dang« oder »dng«.

Man kann sogar das »k« darin hören.

Trotzdem.

Er muss weitermachen.

Zeit ist Geld.

Auch, wenn ihm fünf Euro die Aufgabe auf einen Schlag erleichtern, fehlen sicher noch zehn bis zwanzig weitere, damit der Dealer glücklich ist. Und Mike auch. Zumindest für eine kurze Zeitspanne. Denn Anschreiben oder Ratenkredit, das geht beim Dealer leider nicht.

Also weiter zum Nächsten.

Mike senkt wieder den Kopf und schaltet den Autopiloten ein. Er merkt nicht mal, dass ich es bin, bei dem er die Platte abspielt: »Könnensiemirhelfenmeinemutterliegtinkölnimkrankenhausundwirdbaldsterben ...«

»MIKE!« Ich lege etwas mehr Bass als üblich in meine Modulation.

Jetzt erkennt er mich.

Den Langen in der Uniform.

»Nicht mal hier kann man in Ruhe seiner Arbeit nachgehen«, schimpft er.

»Ne, ne, mach ruhig weiter«, seufze ich. »Erstens habe

ich Pause, zweitens habe ich in dem Laden hier nicht das Hausrecht, und drittens hörst du ja eh nicht drauf…«

Die Fünf-Euro-Spenden-Lady bekommt ihre Türe gepackt. Sie hat soeben doch tatsächlich den gesamten Restbestand an bereits »fertigen« Cheeseburgern aufgekauft. Ich frage mich, was sie mit zwölf fleischverzierten Weißbrötchen anstellen will. Sie geht und wirft nicht Mike, sondern mir einen bösen Blick zu. So wie die Leute im Bahnhof, die besonders vorwurfsvoll gucken, wenn ich den jungen Mann hin und wieder vor die Tür geleiten muss, weil statt eines »Danke« eher Pöbeleien aus seinem Mund kamen. Die vorwurfsvollen Gaffer sind dann aber schnell ruhig, wenn ich sie frage, ob sie dann alternativ den jungen Mann mit zu sich nach Hause nehmen könnten. Er sei auch ganz pflegeleicht und brauche nichts außer einer Couch und einer Decke. Da herrscht dann plötzlich ein eklatanter Mangel an Decken und Couchen in Deutschland.

Ein Blick runter zu Mike. Der Allergrößte ist er mit seinen 1,70 Meter ja nicht.

»Haste Hunger?«

»Ja, aber ist mir echt zu teuer hier. Also, im Verhältnis…«

Wo er recht hat, hat er recht. Aber eine Seifenoper guckt man ja auch nicht wegen ihres künstlerischen Kaloriengehalts.

»Also was nun, Hunger oder nicht?«

»Wie ein Wolf!«

Okay, ich weiß nicht so genau, wie viele Cheeseburger so ein Wolf braucht. Also muss ich schätzen. Als Vergleichswert ziehe ich meinen Bedarf heran. Meine Masse gegen seine Raumverdrängung. Viel dran ist an dem Kerlchen ja nicht. Und die 1,70 Meter sind noch nett geschätzt. Schmal ist er auch. Richtig schmal.

Der Kassierer, der vom vorletzten Kunden so übel angepöbelt wurde und der Hamsterin den gesamten Vorrat veräußern musste, hat sich längst wieder gefasst. Wie nach dem Lehrbuch sucht er Augenkontakt, setzt sein Lächeln auf und sagt: »Guten Morgen, was darf's für Sie sein?«

»Ich brauche auch etwas mehr«, sage ich. »Eine Tüte mit vier Cheeseburgern für meinen verfressenen Kollegen vorne an der Information. Dann noch eine Tüte mit gleichem Inhalt, denn ich bin auch verfressen. Und für den jungen Mann hier ... sag an, Mike, was willst du haben? Ich habe heute Geburtstag und gebe einen aus.«

Das ist eine Notlüge. Ich habe nicht Geburtstag, aber es soll nicht zur Gewohnheit werden.

Er strahlt.

Noch so ein Wunder.

Er kann nicht nur lächeln, sondern sogar strahlen.

»So ein Rösti-Menü wäre toll ...«

»Also für den jungen Mann dann noch das Rösti-Menü ...«

Der Kassierer tippt.

Ich bücke mich, halte meinen Mund an Mikes Ohr, damit nur er es hören kann, und flüstere: »Hier essen oder nimmst du es mit ins Schließfach?«

Mike dreht den Kopf.

Dass er laut fluchen kann, wenn er mal wieder nicht genug zusammenbekommt, um sein allerdringendstes Bedürfnis zu decken, kennt man. Auch heulen kann er, wie ein kleines Mädchen, dem man den Lutscher weggenommen hat.

Heute allerdings, da hat er schon gelächelt wegen des Fünfers und gestrahlt, weil er von dem bösen Knilch, der ihn sonst immer vom Bahnsteig runterscheucht, auf ein Rösti-Menü eingeladen wurde.

Und jetzt?

Lacht er.

Schallend.

»Für hier«, sagt er und schüttelt sich, »ich esse heute ausnahmsweise mal nicht zu Hause.«

»Ach ja«, fällt mir ein, und ich stelle dem Kassierer die Thermoskanne auf die Theke. »Und die bitte einmal vollmachen.«

Mit meinen acht Burgern und einer frischen Kanne, die der souveräne Mann beim Amerikaner mittels Anzapfen und Umschütten von sechs Bechern gefüllt hat, kehre ich zu Yannick zurück.

Zwei der Burger habe ich mir bereits auf dem Weg einverleibt.

Der Kollege ist sicher schon am Verhungern.

Wichtiger als das Futter scheint ihm allerdings eine Neuigkeit zu sein.

Ich stelle die Tüten ab und schenke Kaffee nach.

»Andreas, guck mal unauffällig in den Warteraum.«

»Also, unauffällig ist ein bisschen schwer…«

»Dann guck auffällig. Aber guck.«

Ich mache mit meiner Tasse ein paar Schritte vor unser Häuschen, an welches rechts unmittelbar der kleine Warteraum anschließt.

»Ich seh nix Besonderes…«

Yannick fuchtelt mit den Fingern: »Doch. Da. In der Ecke.«

Noch ein Schritt.

Vorbeugen.

Jetzt fällt's mir auf. Die Wartenden reden mittlerweile miteinander. Zwei von ihnen lachen sogar. Als hätten sie mich vorhin gehört und meinen stummen Ratschlag beherzigt, unterhalten sie sich. Dabei essen sie. Moment mal. Eine Hand kommt ins Bild, die neue Buletten aus einer großen Tüte zieht und verteilt. Es ist das Hamstermädchen. Für Mike hatte sie fünf Euro. Und gegen die Trübsal der Nacht veranstaltet sie im Warteraum eine kleine Fast-Food-Party.

Ein Mann zieht das knisternde Papier mit einem Blick von dem Burger, als wolle er sagen: Herzkranzverfettung noch vor dem Frühstück. Wenn das meine Frau wüsste. Gott, was macht das Spaß.

Man sollte die Menschen niemals unterschätzen.

Als ich wieder hinter dem Tresen sitze und mit Yannick unsere Restburger verspeise, schlurft Mike vorbei.

Schrrrrrt.

Schrrrrrt.

Schrrrrrt.

Die Füße anzuheben war noch nie seine Stärke.

Sein Blick fällt auf die Menschen im Warteraum.

Er bleibt stehen.

Betrachtet die Leute wie ein Vampir das mögliche Büfett.

Schaut zu uns rüber.

Schmunzelt... und betritt den dämmerblau anbrechenden Morgen.

Draußen hat es aufgehört zu regnen.

DRITTE PAUSE

Der letzte Spaziergänger

Überall gibt es etwas zu sehen.

Wenn man sehen kann.

Die jungen Mädchen auf dem Bahnhof, die sich gegenseitig »Alter!« nennen und nach jedem zweiten Satz untereinander erst einmal auf ihre Smartphones schauen, würden hier gar nichts sehen. Selbst mein Nachbar Fabian oder mein junger Kollege Yannick täten sich schwer. Ein verfallener, seit 26 Jahren verlassener Bahnhof. Was ist da schon zu sehen? Würden sie sagen. Und ich würde antworten: alles.

Wilde Pflanzen.

Urtümliche Insekten.

Vielsagender Müll der letzten vierzehn Tage.

Vielsagende Relikte der letzten Jahrzehnte.

Wuchernde Geschichte.

Sechsundzwanzig Jahre. Das muss man sich mal auf der Zunge zergehen lassen. Welche Orte werden schon sonst dermaßen lange unberührt der Natur überlassen? Ohne sie zu planieren? Ohne einen Supermarkt daraufzusetzen? Gut, ein paar gibt es. Alte, kaum mehr genutzte Friedhöfe zum Beispiel. Ebenfalls ganz wunderbare Orte für meine Nikon. Oder Fußballstadien der semiprofessionellen Spielklassen. Kleine Arenen, die einmal eine Bedeutung hatten, bis der Verein an eine andere Spielstätte umzog oder pleiteging und sich auflöste. Ein Geistesverwandter namens Christoph Buckstegen lichtet sie ab. Zeigt auf seinen Fotos, wie die jungen Bäume aus der Stehplatztribüne des Jahnstadions in Marl wachsen. Zeigt, wie die Sitzplätze des verlassenen Stadions am Hermann-Löns-Weg in Solingen hinter einem blickdichten Vorhang aus Büschen verschwunden sind. In Hamburg-Marienthal hat sich der Wald das Stadion bereits zurückgeholt wie ein gigantischer, gnadenloser Organismus. Erst 2009 endgültig geschlossen, liegen die Stufen der Kurve bereits heute unter meterhohem Unterholz und umgestürzten Bäumen. Ebenso gut könnte man als Archäologe eine alte Spielstätte der Römer entdecken. Genauso wie für Buckstegen die Stadien fühlen sich für mich die verlassenen Bahnhöfe an. Zum Beispiel dieser hier in Kalkum.

Der Auslöser klickt.

Blüten, Blätter, Wurzeln.

Schotter als Nährboden für neues Leben.

Das Licht ist kristallklar und scharf, eine High-Definition-Oktobersonne.

Als die Station stillgelegt wurde, war Deutschland noch nicht einmal wiedervereinigt. Die Fußballweltmeisterschaft, bei der Frank Rijkaard »unserem« Rudi Völler in den Nacken spucken und die Deutschen nach sechzehn Jahren wieder den Titel erringen würden, war noch nicht angepfiffen. Das Betriebssystem Windows 3.0 war sage und schreibe erst vor fünf Tagen verpackungsneu in die Geschäfte gekommen.

Eröffnet hatte die Bahn den Bahnhof Kalkum, der damals noch »Calcum« geschrieben wurde, im Mai 1845. Da war die Station noch eine nette Nebensache. Knapp ein Jahr später wurde er zu einer der am meisten frequentierten Stationen des ganzen Landes. Die neu eröffnete Strecke Düsseldorf–Duisburg führte an ihm vorbei. 1856 errichtete man getrennte Warteräume für die Fahrgäste aller vier Klassen. Die vierte Klasse hatte man ein paar Jahre zuvor extra eingeführt, um auch Menschen mit sehr schmaler Brieftasche das Reisen mit dem modernen, spektakulären Verkehrsmittel zu ermöglichen. Die Wagen der vierten Klasse waren schlicht und unbequem. Bänke nur an den Seitenwänden quer zur Fahrtrichtung, keine echten Sitze mit Lehnen, in der Mitte Stehplätze mit Halteschlaufen. Ein zweckmäßiger Massentransport mit Garantie für blaue Flecken und Rückenschmerzen. Heute nennt man das Fahrradwaggon. Oder Straßenbahn.

»Andreas!«

Ich schaue mich um.

Aus dem Gebüsch heraus tritt ein Mann in Erscheinung. Er hustet kurz und wischt sich Pflanzenreste von der Jacke. Es ist Willi.

»Willi! Was machst du denn hier? Ich denke, du fährst nicht?«

Lachend breitet er die Arme aus. »Siehst du hier irgendwo einen Zug?«

»Wir sind weit draußen«, sage ich und frage mich wieder, wo zur Hölle der Mann wohnt. Soweit ich weiß, fährt er schließlich auch nicht Fahrrad. Ist er von der Innenstadt bis hierher nach Kalkum gelaufen?

Er zeigt Richtung Nordwesten. »In dieser Richtung kommt Vater Rhein«, sagt er.

»Weiß ich.«

»Und weißt du auch, was am anderen Ufer anschließt?«

Ich stocke.

»Der Latumer Bruch. Und dann: Krefeld!«

Er ist so rätselhaft, denke ich.

Und genau so soll er bleiben!

Ich schweige.

Willi sagt: »Die ersten Deutschen, die nach Amerika ausgewandert sind, also wirklich die allerersten, die nicht abwarten konnten, hier wegzukommen, waren Krefelder.«

Ein großer Käfer wuchtet sich über einen viel zu schmalen Halm.

Willi sagt: »Das war 1683. Dreizehn Familien, alles Quäker und Mennoniten. Sie zogen nach Philadelphia. Deswegen nennt man diesen ersten winzigen Emigrationsschub auch die Philadelphiade. Die Post hat 1983 dazu eine Briefmarke gemacht.«

Ich hänge mir die Nikon über die Schulter, hole die Schachtel aus der Jackentasche und zünde mir eine Zigarette an. Mit dem ersten Zug schaue ich nach Nordwesten. Mit dem zweiten bekomme ich die Idee. Mit dem dritten spreche ich sie aus.

»Willi?«, frage ich.

»Ja, Andreas?«

»Du bist wirklich zu Fuß hier?«

»Der letzte Spaziergänger«, sagt er.

Ich atme tief durch, denn wenn ich das jetzt sage, gibt's kein Zurück mehr, und der Rest des noch frühen freien Tages ist sehr anstrengend ausgefüllt. Doch es fühlt sich richtig an.

»Willi, sollen wir beide heute nach Krefeld laufen?«

Der kleine Mann sieht mich an wie ein Junge, dem man verraten hat, dass der Weihnachtsmann und Spiderman doch existieren.

Ich rauche die Zigarette zu Ende, packe die Nikon in meinen Rucksack ein, ziehe für mich und für ihn eine kleine Wasserflasche heraus, werfe einen letzten Blick auf den verfallenen Bahnhof und sage: »Na, dann lass uns mal zu Fuß gehen.«